논·술·세·계·대·표·문·학

58

백년 동안의 고독

가브리엘 가르시아 마르케스 | 김옥란 엮음

H훈민출판사

아르헨티나의 산마르틴 동상 —
〈백년 동안의 고독〉의 내용은 중
남미의 역사를 마콘도라는 상상
의 마을을 설정하여 전개한 것
이다.

The Best World Literature

아르헨티나의 5월 광장 — 아르헨티나는 중남미 격동의 역사를 가
장 많이 간직하고 있는 나라이다.

아르헨티나의 리골레타 묘지

아르헨티나의 대통령 궁 – 〈백년 동안의 고독〉
은 중남미의 백 년 동안의 역사를 압축적으로
보여 주는 소설이다.

브라질의 이과수 폭포

브라질의 상파울루 전경

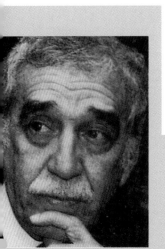

가르시아 마르케스 – 중남미
문학을 대표하는 작가로,
1982년에 노벨 문학상을 수
상하였다.

브라질의 농지

페루의 쿠스코 전경

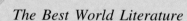

The Best World Literature

페루의 잉카 – 잉카 문명의 유적지가 있는 곳으로, 옛날 중앙아메리카에서 화려한 문명을 꽃피웠던 흔적을 엿볼 수 있다.

페루의 마쿠피치 – 고대 문명의 유적지이다.

구인환(丘仁煥)

서울대학교 사범대학 졸업. 동 대학원 졸업(문학박사)
서울대학교 명예교수, 소설가(현). 서울대학교 사범대학 국어교육연구소 소장(현)
문학과문학교육연구소 소장(현). 국제펜 한국본부 부회장(현)
한국소설문학상(1987). 예술문화대상(1994). 한국문학상(2000)
작품 〈숨쉬는 영정〉, 〈살아 있는 날들〉, 〈일어서는 산〉 외 다수

- **저서** 《한국단편소설의 이해》, 《한국현대소설의 비평적 성찰》,
  《고교생이 알아야 할 소설》, 《고교생이 알아야 할 세계단편소설》 외 다수

윤병로(尹柄魯)

성균관대학교 국어국문학과 졸업. 동 대학원 졸업(문학박사)
성균관대학교 교수, 문학평론가(현). 한국현대소설학회장(현)
한국문예학술저작권협회 이사(현). 한국간행물윤리위원회 위원(현)
한국펜 문학상(1987). 한국문학상(1988). 대한민국문학상(1989)
수필집 《나의 작은 애인들》 외 다수

- **저서** 《현대 작가론》, 《한국 현대 소설의 탐구》,
  《한국 근대 작가 작품 연구》, 《한국 현대 작가의 문제작 평설》 외 다수

홍성암(洪性岩)

고려대학교 국어국문학과 졸업. 한양대학교 대학원 국어국문학과 졸업(문학박사)
동덕여자대학교 교수, 소설가(현). 한국문인협회 회원(현)
한국소설가협회 이사(현). 국제펜 한국본부 소설분과 이사(현). 한민족 문화학회 회장(현)
창작집 《큰 물로 가는 큰 고기》, 《어떤 귀향》 외
대하역사소설 《남한산성》 (전9권) 외 다수

- **저서** 《문학의 이해》, 《현대 작가론》, 《한국 근대 역사소설 연구》 외 다수

기
획
·
감
수

페루 인디오의 전통 베틀

논술 세계대표문학을 펴내며

  21세기의 사회는 '전자 문명 시대'라 일컬어질 만큼 오늘날 전자 산업은 우리 생활의 거의 모든 분야에 다양하게 응용되고 있습니다. 출판 분야 또한 예외는 아니어서, 종래의 서책(Book) 대신에 이른바 '전자책(CD-ROM)'의 출간이 최근 들어 날로 증가하고 있습니다.

  그러나 이러한 전자책은 영상 또는 모니터상으로 흥미 위주나 백과사전식 지식을 습득하는 데는 효과적일지 모르지만, 문학 공부를 위해서는 별로 도움이 되지 않습니다. 바꾸어 말하면, 문학 공부는 각 지면마다 살아 숨쉬는 표현 하나하나를 독자 자신의 머리로 음미하면서 작품을 읽어 나가는 가운데, 풍부한 상상력의 배양과 함께 작가의 의도와 그 작품의 내면을 깊이 있게 이해함으로써 이루어지는 것입니다.

  이에 훈민출판사에서는, 자라나는 학생들이 범람하는 영상 매체에 길들여지기 전에, 어려서부터 유명한 세계문학 작품들을 책자를 통하여 감명 깊게 읽고 감상함으로써, 올바른 문학 공부의 기틀을 다지고, 아울러 전인 교육도 할 수 있도록 《논술 세계대표문학(전60권)》을 펴내게 되었습니다.

  작품 선정은, 초·중·고등학교 국어 교과서와 역사 교과서에 실리거나 소개된 문학 작품을 중심으로 하되, 그리스 신화와 성경 이야기 등의 고전에서부터 중세·근대·현대에 이르기까지 세르반테스·셰익스피어·톨스토이 등 세계 유명 작가들의 장·단편 소설들을 엄선·수록하였습니다. 또 세계의 명시도 별권으로 엮었으며, 특히 각 단락마다 '논술 문제'를 제시하여, 장차 대학입시를 비롯한 각종 '논술 고사'에 예비 지식을 쌓을 수 있도록 배려하였습니다. 아무쪼록, 이 《논술 세계대표문학(전60권)》이 자라나는 학생들에게 문학 공부의 주춧돌이 되고, 나아가 미래를 살아가는 데 정신적 자양분이 되기를 진심으로 바라 마지않습니다.

훈민출판사

차례

백년 동안의 고독

마르케스

지은이

1928~. 콜롬비아의 푼다시온에서 출생. 1940년대 말부터 단편 소설을 쓰기 시작
했는데, 그의 첫 작품 〈낙엽〉에서 이후 작품 배경으로 많이 등장하는 가상의 콜롬비
아 마을 '마콘도' 가 선보인다.
1955년도에 콜롬비아 정부를 비난하는 글을 써서 인생의 대부분을 외국에서 보내
야 했다. 1961년에 〈아무도 대령에게 편지하지 않는다〉와 1967년에 〈백년 동안
의 고독〉을 발표하여 호평을 받았다. 이후 〈족장의 가을〉과 〈예고된 죽음 이야기〉를
쓰는 등 작품 활동을 활발히 하였다. 그리하여 중남미 문학에서 매우 중요한 작가로
확실한 자리매김을 하였으며, 1982년에는 노벨 문학상을 받았다.

백년 동안의 고독

1

총살대 앞에 섰을 때, 아우렐리아노 부엔디아 대령은 아버지를 따라 처음 얼음 구경을 갔던 오래 전 어느 오후를 생각했다. 그 무렵 마콘도는 맑은 물이 흐르는 냇가를 따라 대나무와 진흙으로 만든 집이 스무 채 정도 있는 작은 마을이었다. 갓 개발된 지역이었기 때문에 아직 이름조차 없는 사물들이 있었고, 얘기 속에 그 사물이 등장하게 되면, 사람들은 일일이 그 물건을 손가락으로 가리키며 이야기를 해야 했다.

매년 3월이면 누더기를 입은 집시족이 마을을 찾아왔다. 그리고 마을 가까이에 천막을 치고는 떠들썩하게 피리나 북을 치면서 새 물건을 구경하라고 외치며 돌아다녔다.

이 때 가지고 온 물건 중에 자석이 있었는데, 수염을 길게 기르고 덩치가 컸던, 그러나 참새 다리처럼 팔이 가늘었던 집시 멜키아데스는 마케도니아의 유명한 연금술사가 만들었다는 그 희한한 자석을 선전했다. 그는 두 개의 쇠막대기를 끌고 집집마다 돌아다녔다. 그러면 근처의 냄비나 솥, 화로 등이 원래 있던 자리에서 굴러 나오기도 하고, 나무 기둥에 박혀 있던 못들이 빠져 나오려고 했다. 그것을 본 마을 사람들은 놀라워했다. 그러면 집시는 탁한 목소리로 외쳤다.

"물건에도 생명이 있습니다. 다만, 그 영혼을 어떻게 일깨워 주느냐가 문제지요."

　엄청난 상상력의 소유자였던 호세 아르카디오 부엔디아는 아무짝에도 쓸모 없는 이 연장으로 땅 속에 있는 금을 캐낼 수 있지 않을까 생각하곤 했다. 정직한 멜키아데스가 그건 어렵다고 충고했지만, 호세 아르카디오 부엔디아는 정직한 집시는 없다고 생각했기 때문에 당나귀와 몇 필의 새끼염소를 두 개의 자석과 교환했다. 살림살이를 걱정하는 아내의 얘기에도 아랑곳하지 않고 실행에 옮긴 것이다.

　몇 달 동안이나 그는 자기의 생각이 옳다는 것을 증명하기 위해, 두 개의 쇠막대기를 끌며 그 근처 일대를 빠짐없이, 냇물 바닥까지 훑으며 금을 찾아 헤맸다. 하지만 그렇게 해서 캐낼 수 있었던 것은 겨우, 여기저기 녹이 슨 15세기 무렵의 투구밖에 없었다.

　이듬해 3월이 되자 집시들이 다시 돌아왔다. 집시들이 이번에는 망원경 하나와 커다란 렌즈를 가지고 와서 암스테르담에 사는 유대 인의 신발명품이라고 떠벌리고 다녔다. 그들은 망원경을 천막 입구에 장치하고는, 마을 사람들에게 5레알의 돈을 받고 들여다보게 했다.

　"과학이 발전해서 이제 거리가 없어졌어요. 인간이 지상의 온갖 사건을 앉아서 알 수 있는 날도 멀지 않았다고요."

하고 멜키아데스는 떠들었다.

　또 해가 이글이글 타는 한낮에 렌즈를 사용하여 길 한복판에 쌓아 둔 건초에 불을 붙이기도 했다. 자석으로 도무지 재미를 보지 못했던 호세 아르카디오 부엔디아는 그 렌즈로 무기를 만들면 어떨까 하고 생각했다. 이번에도 호세 아르카디오 부엔디아는 말리는 가족들을 뿌리치고 두 개의 자석 막대기와 식민지 시대의 금화 세 닢을 주고 렌즈를 샀다. 이것 때문에 그의 부인 우르술라는 눈물을 흘렸다. 그 금화는 그녀의 아버지가 고생 끝에 마련해 준 것으로 비상시를 위해 남겨 두었던 것이기 때문이었다.

호세 아르카디오 부엔디아는 과학자처럼 렌즈의 효과를 측정하기 위해 태양 광선을 모은 초점에 일부러 자기 몸을 내밀어서 심한 화상을 입기도 했고, 불을 낼 뻔한 적도 있었다. 또 몇 시간이나 방구석에 처박혀 신무기의 성능에 대해 계산을 되풀이하더니, 설득력 있는 훌륭한 한 권의 책을 써 냈다. 그는 자기가 행한 실험에 입각한 많은 증거품과, 몇 장의 그림을 당국에 보냈다.

그러나 몇 해나 답장을 기다렸지만 헛수고였다. 기다리다 지친 그는, 자신의 계획이 실패로 돌아갔다며 멜키아데스 앞에서 한탄했다. 그러자 집시는 렌즈와 바꾼 금화를 돌려주었다. 게다가 포르투갈 지도와 항해용 기구까지 챙겨 주었다. 그리고 천문관측의와 나침반, 육분의 등을 다룰 수 있어야 한다며, 직접 펜을 들어 사용법을 적어 주기도 했다.

호세 아르카디오 부엔디아는 실험에 방해받지 않기 위해 집 뒤의 작은 방에 틀어박혔다. 집안일에도 손을 떼고 천체의 운행을 관측하기 위해 안뜰에서 밤을 세웠으며, 정오를 관측하는 방법을 알아 내려다 일사병으로 쓰러지기도 했다. 이윽고 기구를 다루는 법에 익숙해진 그는, 자기 방 안에서도 미지의 넓은 바다에서 배를 조종하고, 인적이 드문 고장을 찾아가 굉장한 생물과 사귈 수 있게 되었다.

그 무렵부터 그는 우르술라와 아이들이 밭에서 바나나와 토란, 마, 호박, 가지 농사에 땀을 흘리는데도 전혀 신경쓰지 않고 집 안을 어슬렁거리는 버릇이 생겼다. 며칠씩이나 뭔가 신이 들린 것처럼 어처구니없는 추론을 혼자 중얼대곤 했다.

12월의 어느 화요일, 드디어 그는 가슴에 품고 있던 생각을 한꺼번에 토해 내기 시작했다.

"지구는 말이야, 오렌지처럼 둥글어."

견디다 못한 우르술라가 외쳤다.

"미치광이는 당신 하나로 족해요. 그러니 아이들까지 이상하게 만들지 말아요."

화가 치밀어 천문관측의를 바닥에 내동댕이쳐 부숴 버린 아내의 행동에도 그는 놀라지 않았다. 오히려 사람들이 납득할 수 없는 이론을 펼치며, 동쪽으로 계속 항해를 하면 반드시 출발점으로 되돌아온다고 주장했다.

마을 사람들이 호세 아르카디오 부엔디아가 드디어 미쳤다고 생각할 무렵, 멜키아데스가 돌아와 사태를 수습했다. 마콘도 사람들은 몰랐지만 지구가 둥글다는 것은 이미 오래 전에 증명이 끝난 이론이라며 호세 아르카디오 부엔디아의 명석함을 칭찬했다. 그리고 이후에 마을의 운명에 지대한 영향을 미칠 연금실 연구실을 그에게 선사했다.

그 무렵, 멜키아데스는 무서운 속도로 늙어 갔다. 처음 마을을 찾았을 때에는 아무리 보아도 호세 아르카디오 부엔디아와 같은 또래로밖에는 보이지 않았었다. 그런데 거듭된 세계 일주 여행으로 갖가지 이상한 병에 걸렸던 것이다. 인류를 엄습한 온갖 질병과 재난에서 간신히 도망쳐 온 그는, 페르시아의 옥수수병, 말레이 군도의 괴혈병, 알렉산드리아의 문둥병, 일본의 각기병을 이기고, 시칠리아의 지진, 많은 익사자를 낸 마젤란 해협에서의 조난 등을 물리치고 온 것이다.

그러나 그에게도 지상의 존재, 인간으로서의 무거운 짐은 끊임없이 얽혀 있어 일상 생활의 사소한 일에도 구애를 받게 되었다. 노인 특유의 질병으로 고생하고 있었고, 하찮은 금전 부족으로 괴로워했으며 괴혈병으로 이가 빠져 웃음도 잃어버렸다.

아이들은 공상이 풍부한 그의 얘기에 빠져들었다. 창에서 비쳐 오는 햇빛을 정면으로 받고 앉아서, 오르간처럼 울림이 있는 음성으로 상상

의 세계를 얘기하던 그 날 오후의 멜키아데스의 모습을, 아직 다섯 살이 채 안 된 아우렐리아노는 죽을 때까지 잊을 수 없었다. 형인 호세 아르카디오만 해도 추억으로 이어받은 그의 감탄할 만한 모습을, 자손 대대로 전해 주고 싶어했다.

다만 우르술라만이 이 손님에게 끔찍한 기억을 갖고 있었다. 멜키아데스가 실수로 염화수은이 든 플라스크를 깨뜨려 '마귀 냄새 같은' 향이 퍼졌을 때, 우르술라가 방으로 들어왔기 때문이다.

"마치 마귀 냄새 같군요."

하고 그녀가 중얼거리자 멜키아데스는 염화수은의 독특한 성질에 대한 박식함을 피력했다.

"마귀는 유황질이에요. 이미 증명된 일이지요. 하지만 이건, 그저 소량의 염화수은이라고요."

그러나 우르술라는 들은 척도 않고 아이들을 데리고 기도하러 나갔다. 그 코를 찌르는 악취는 멜키아데스의 추억과 결부되어 그녀의 기억에 남아 있었던 것이다.

멜키아데스는 실험실에 다양한 기구들과 함께 황금을 두 배로 늘리는 방법 등의 메모와 도면을 남겨 놓았다. 황금을 배로 늘리는 방법에 끌린 호세 아르카디오 부엔디아는 몇 주일 동안 우르술라를 졸라서, 그녀가 갖고 있는 식민지 시대의 금화를 곱절로 불려 주겠다며 금화를 달라고 했다. 남편의 집념에 우르술라도 결국 손을 들고 말았다.

호세 아르카디오 부엔디아는 서른 닢의 금화를 냄비에 넣고, 거기에 구리, 석황, 유황, 납 등의 찌꺼기를 섞어 반죽처럼 용해시켰다. 그리고 그것을 몽땅 피마자유가 든 가마에 옮겨 강한 불로 끓이고는, 찐득찐득하고 고약한 냄새의 시럽 같은 것을 꺼냈다. 돼지기름으로 다시 삶는 동안, 우르술라의 귀중한 재산은 완전히 눌어붙어 떼어 낼 수 없을 정도로 변하고 말았다.

집시들이 다시 돌아올 무렵, 우르술라에게 꼬드김을 받은 마을 사람들은 집시들에게 반감을 품었다. 이빨이 새로 나고 주름도 사라진 젊은 멜키아데스의 모습에 사람들은 놀라움과 함께 두려움을 느끼기까지 했다. 하지만 멜키아데스가 치아에 끼고 있던 이를 송두리째 빼내자, 순식간에 늙은이의 모습으로 되돌아갔다. 그리고 다시 이를 잇몸에 끼워 되살아난 젊음에 싱글벙글해진 모습으로 돌아갔을 때, 사람들은 거의 공포를 느꼈다.

호세 아르카디오 부엔디아조차 나중에 의치의 정체를 알고 나서야 겨우 안심할 수 있었다. 간단하지만 굉장한 이 발명품에 마음을 빼앗긴 그는 연금술에 대한 관심을 하룻밤 사이에 버리고 말았다.

처음 호세 아르카디오 부엔디아는 젊은 족장으로 행세하며 파종을 지시하고, 아이들의 양육이나 가축을 치는 방법을 가르쳤다. 또한 마을 발전을 위해 마을 사람들에 대한 협력을 아끼지 않았다. 우르술라 또한 근면했다. 몸집은 작았으나 착실하기 그지없었으며, 새벽부터 밤늦게까지 쉬지 않고 일을 했다.

마을에서도 특출나게 진취성이 강했던 호세 아르카디오 부엔디아는 신작로의 방향을 정리하고, 물길을 제대로 잡는 등 마콘도에 정착한 지 몇 년 안에 인구 3백 명의 이 마을을 단정하고도 근면한 마을로 만들었다. 그러나 솔선하여 사회에 봉사한다는 그 마음가짐은 자석에 대한 열의나 천문학상의 계산, 물질 변성의 꿈과 갖가지 세계의 진기함을 보고 싶어하는 열망 때문에 아예 잃어버리고 있었다.

그런데도 마콘도를 문명의 이기와 접촉시키는 길을 개발하기 위해서라고 협력을 요구하면, 호세 아르카디오 부엔디아를 무조건 믿고 따르던 젊은 사나이들은 일과 가족을 내팽개치고 그를 따랐다.

그는 근처 일대의 지리에 대해서는 전혀 알지 못했다. 다만 동쪽으로 험준한 산맥이 이어졌고, 그 저편에는 옛 도시 리오아챠가 있다는 정도가 전부였다.

사실 그는, 젊은 시절에 부녀자와 가축을 거느리고 바다로 나가는 출구를 찾아 산을 넘은 적이 있었다. 그 때 2년 4개월을 고생한 끝에 출구를 찾는 일을 단념하고, 이 마콘도 마을을 세웠던 것이다.

당시, 남쪽에는 한없이 넓은 늪지대가 있었고, 그 광대한 늪지대는 서쪽에서 저 멀리 큰 바다와 하나가 되었기 때문에, 그의 추측에 따르면 문명 세계와의 접촉 가능성은 북쪽으로 가는 길밖에 남지 않았다. 그래서 그는 마콘도를 함께 건설한 사나이들에게 낫과 도끼, 사냥 도구 등을 들게 하고, 평소 사용하던 방위 측정용 기구와 지도를 배낭 하나에 넣고는 모험 여행을 떠났던 것이다.

처음 며칠 동안은 아무런 장해도 없었다. 그러나 이후 열흘 이상 햇빛을 볼 수 없는 나날이 계속되었다. 질척거리는 땅과 우거진 초목 수풀 사이에서는 원숭이의 날카로운 외침 소리 등 음울한 세계가 끝없이 이어졌다. 일주일 동안 그들은, 발광성 벌레의 희미한 불빛에 의지해 몽유병 환자처럼 악몽의 세계를 헤매었다.

"방향만 잃지 않으면 괜찮아."

그는 나침반만을 의지하며 북쪽을 향해 나아갔고, 드디어 악마의 땅에서 탈출하는 데 성공했다. 별 하나 없는 캄캄한 밤이었지만, 그 어둠은 맑고 상쾌한 공기로 넘쳤다. 그러나 그들의 눈앞에는 에스파냐의 거대한 범선이 정박하고 있었고, 딱딱하게 굳어 버린 빨판상어와 보드라운 이끼로 뒤덮인 선체가 자갈밭 속에 파묻혀 있을 뿐이었다.

바다가 가까이에 있다는 증거인 이 범선의 발견으로, 호세 아르카디오 부엔디아는 기력을 잃고 말았다. 온갖 고생을 다하며 바다를 찾아

헤맸건만, 막상 찾고 보니 이제 더 이상 나아갈 수 없는 장해물로 바다가 나타난 것이다. 그건 정말 사악한 운명의 장난이었다. 그들은 결국, 흰 파도가 일고 있는 바다를 발견하고 나서야 마콘도가 바다로 둘러싸여 있다는 사실을 알게 되었다.

"우리는 이제 아무데도 갈 수가 없겠군."

이렇게 믿으며 실험실에 몇 달 동안이나 박혀 있던 그는, 마콘도를 더 좋은 곳으로 옮길 계획을 세웠다. 그런데 이 계획에 반대하는 우르술라가 마을의 아낙네들 마음을 붙들어 두고 있었다.

"아무도 함께 가고 싶은 생각이 없는 모양이야. 우리들만이라도 떠나야겠어."

남편이 말했을 때, 우르술라는 안색 하나 바꾸지 않고 대꾸했다.

"나는 떠나지 않겠어요. 떠나고 싶으면 당신 혼자 떠나세요. 난 이 고장에 남겠어요."

호세 아르카디오 부엔디아는 아내의 의지가 이처럼 강하리라고는 미처 생각하지 못했다. 땅에 물을 뿌리기만 하면 농사가 잘 되고, 고통을 없앨 수 있는 기구를 쉽게 살 수 있는 고장으로 옮길 것이라고 약속했지만, 우르술라는 남편의 말을 믿지 않았다.

"제발 이상한 것만 생각하지 말고, 아이들 걱정도 좀 하세요. 저 꼴을 좀 봐요."

그는 아내의 말을 받아들였다. 창 밖에 있는 아이들을 보며, 그는 눈시울을 적시며 깊은 체념의 한숨을 쉬었다.

두 아이 가운데 형인 아르카디오는 벌써 열네 살이었다. 성장도 빠르고 체력도 뛰어났지만, 상상력이 부족한 아르카디오는 아버지를 닮은 개구쟁이였다. 마콘도에서 태어난 아우렐리아노는 3월이면 여섯 살이 된다. 그 사이 아이들의 존재를 염두에 두지 않았던 호세 아르카디오 부엔디아는, 아이들과 시간을 보내야겠다고 생각했다.

아이들을 불러 실험실 기구를 정리하게 하고, 구석방에서 읽고 쓰기와 셈을 가르쳤으며, 상상력을 자극하는 다양한 세계의 불가사의한 일에 대해서도 들려주었다. 그래서 아이들은, 아프리카 남단에는 땅바닥에 앉아 명상에 잠기는 것이 유일한 즐거움인 총명하고 온화한 종족이 살고 있다는 것 등을 알게 되었다.

그 해 3월, 집시들이 다시 마콘도를 찾았다. 이탈리아풍의 로망스를 지껄이는 앵무새, 탬버린 소리에 맞추어 황금알을 백 개나 낳았다는 암탉, 사람의 생각을 읽을 수 있는 원숭이, 끔찍한 기억을 사라지게 하는 도구 등 교묘하고 기발한 것들을 가지고 왔다.

순식간에 마을의 모습은 변했고, 호세 아르카디오 부엔디아는 이 끝없는 비밀을 풀기 위해 미친 듯이 멜키아데스를 찾아다녔다. 그러나 멜키아데스가 싱가포르에서 열병으로 죽었다는 소식을 듣고는 한참 동안을 꼼짝하지 않았다.

집시들은 얼음을 보여 주었는데, 사람들은 얼음을 보고는 세상에서 제일 큰 다이아몬드라며 떠들어 댔다.

2

16세기경 해적이 리오아챠를 습격했을 때, 우르술라의 증조할머니는 화상을 입어 평생 여자로서는 쓸모 없는 몸이 되고 말았다. 자신의 모습을 비관해 세상 사람들과 접촉을 끊고 있던 그녀는, 꿈에서도 불안으로 시달리는 일이 자주 있었다. 남편은 어떻게든 부인의 불안을 씻어 주려고 재산의 대부분을 약값으로 써 버리고, 결국은 바다에서 멀리 떨어진 인디언 부락으로 이사를 했다.

이 두메 산골에는 오래 전부터 돈 호세 아르카디오 부엔디아라는 신대륙 출신의 담배 재배업자가 살고 있었다. 우르술라의 증조할아버지는 이 사나이와 손을 잡고 크게 수익을 올려, 불과 몇 년 만에 큰 재산을 모았다.

이윽고, 오랜 세월이 흘러 이 두 집안의 증손인 우르술라와 호세 아르카디오 부엔디아는 결혼을 하게 되었다. 두 사람이 결혼을 하겠다고 했을 때, 친척들은 모두 반대를 하고 나섰다. 우르술라의 큰어머니 중 한 사람이 호세 아르카디오 부엔디아의 백부와 결혼하여 아이를 낳았는데, 그 아이는 털이 난 물렁뼈 꼬리를 달고 있어서 평생 헐렁한 바지를 입고 살다가 마흔두 살에 그만 피를 흘리며 죽었다는 것이다.

"말만 할 줄 안다면 돼지를 닮건 말건 무슨 상관이야."

호세 아르카디오 부엔디아의 단호한 태도로 인해 두 사람은 결혼식을 올리고, 사흘 밤낮을 악대와 폭죽이 화려하게 터지는 파티를 벌였다.

행복한 시간들이 흐른 6개월 후, 마침내 비극의 일요일이 찾아왔다. 닭싸움 놀이에서 호세 아르카디오 부엔디아가 프루덴시오 아기라르를 이긴 것이다. 싸움에 진 사나이는 자기 닭이 흘린 피를 보고 흥분해서 마구 욕을 퍼붓기 시작했다. 이에 격분한 호세 아르카디오 부엔디아는 할아버지의 창을 들고 나와 프루덴시오에게 던졌는데, 그만 그 창이 목에 푹 꽂히고 말았다. 마을 사람들이 다 모여 있던 자리에서 진행된 이 사건은 결국 결투로 처리되었으나, 호세 아르카디오 부엔디아와 우르술라의 마음에는 계속 꺼림칙함이 남아 있었다.

그가 죽고 난 후의 어느 날 저녁, 잠을 이루지 못하던 우르술라는 물을 마시려고 안뜰에 나갔다가 프루덴시오 아기라르를 만났다. 창백하고 슬픈 표정을 하고 있는 그는 잡초를 뭉쳐 목의 상처를 닦고 있었다. 이틀 후 그녀는, 다시 목덜미의 피를 닦고 있는 프루덴시오 아기라르를 목욕탕에서 만났다. 호세 아르카디오 부엔디아는 아내의 환각에 진절머리를 내며, 직접 창을 들고 안뜰까지 나가 보았다. 그런데 정말 거기에 죽은 줄로만 알았던 프루덴시오 아기라르가 슬픈 얼굴로 서 있는 것이 아닌가.

"썩 꺼져! 다시 찾아오면 몇 번이고 죽여 줄 거야."

호세 아르카디오 부엔디아가 악을 썼지만, 그는 사라지지 않았다. 그 무렵부터 호세 아르카디오 부엔디아는 잠을 이룰 수가 없었다. 자신을 응시하고 있던 죽은 자의 슬픈 얼굴, 이승의 인간을 그리워하는 듯한 몸짓, 억새풀을 적시기 위해 물을 찾아 집 안을 헤매는 안타까운 모습이 늘 마음에 걸렸다. 우르술라도 같은 마음이어서 그를 위해 물이 담긴 대야를 집 안 곳곳에 놓아 두었다.

어느 날 밤, 호세 아르카디오 부엔디아는 자기 방 안에서 프루덴시오 아기라르가 상처를 씻고 있는 것을 보고는, 드디어 참지 못하고 말했다.

"알았어, 프루덴시오. 우리가 이 마을을 떠나겠어. 먼 곳으로 가서 다시는 돌아오지 않을 테니 안심하고 가게나."

이렇게 해서 두 사람은 마을을 떠나 산을 넘기로 결정했다. 출발하기 전에 그는 프루덴시오의 마음을 편하게 해 주기 위해 창을 안뜰에 묻었다. 그들은 가는 길도 정하지 않고 집을 나섰다. 묘한 여행이었다. 그리고 떠난 지 14개월이 되었을 즈음, 우르술라는 사지가 멀쩡한 사내아이를 낳았다.

거의 3년 가까이 여행을 하던 어느 날, 그들은 산맥의 서쪽 경사면을 내려왔다. 구름 속에 묻힌 꼭대기에서 아래쪽으로 광대한 습지대의 망망한 수면이 내려다보였다. 어디에도 바다는 없었다. 여행을 계속 하면서 그들 일행은 숫자가 불어났고, 여전히 힘이 넘쳤다.

어느 날, 호세 아르카디오 부엔디아는 거울로 벽을 두른 집이 즐비하게 서 있는, 번화한 도시의 꿈을 꾸었다. 마콘도라는 마을 이름이 꿈 속에서도 신비로운 울림으로 다가왔다. 그래서 그는 그 곳에 마콘도를 세웠다. 거울로 벽을 두른 집은 바로 얼음집이라고 생각했다. 그런데도 그가 얼음 공장을 세우려고 하지 않은 것은, 오로지 아이들의 교육에 힘을 쏟았기 때문이었다.

실험실의 먼지는 말끔히 치워져 있었다. 호세 아르카디오 부엔디아는 침착하게 멜키아데스가 준 사본을 조사하며, 그을린 냄비 바닥에서 우르술라의 금을 분리 회수하고자 했다.

큰아들 호세 아르카디오는 집안일을 거의 돕지 않았다. 아버지가 냄비 일에 넋을 잃고 있는 동안, 버르장머리 없는 이 장남은 당당한 체격의 젊은이로 자라고 있었다. 이미 변성기에 접어들었고, 수염도 났다.

이 무렵, 트럼프 점을 치기도 하면서, 입버릇 나쁘고 사내를 좋아하는 장사치 아낙이 그의 집에 드나들고 있었다. 젊은 호세 아르카디오는 그녀의 유혹으로 밤늦게 그녀의 집을 찾아들게 되었고, 칠흙의 어둠 속에서 실수로 그녀의 딸 피라르 테르네라와 하룻밤을 보내게 되었다. 열네 살이었던 그녀를 범한 호세 아르카디오는 그녀에게 완전히 빠져 버렸다.

그 때 호세 아르카디오 부엔디아는 금속의 찌꺼기를 모아 드디어 우르술라의 금을 회수하는 데 성공했으며, 이 일로 온 집안이 기쁨으로 들떠 있었다. 우르술라는 실험실로 몰려드는 마을의 축하 손님들을 대접하기에 여념이 없었다.

호세 아르카디오 부엔디아는 금을 담은 단지를 사람들에게 보여 주다가 요사이 통 얼굴을 내밀지 않은 장남 앞에 이르자 딱딱한 금조각을 들어보이며 물었다.

"네 눈엔 이게 뭐처럼 보이느냐?"

호세 아르카디오는 진지하게 대답했다.

"개똥 같네요."

아버지는 화가 나서 아들의 주둥이에서 피가 터져 나올 만큼 세게 때렸다. 그날 밤, 피라르 테르네라는 어둠 속에서 약병과 솜을 찾아 내어 호세 아르카디오의 부어오른 상처에 발라 주며, 애무를 해 주었다.

"우리 단둘이 있을 수 있는 곳으로 떠나고 싶어. 그러면 이렇게 숨어서 만날 필요도 없잖아."

그가 이렇게 말하자, 그녀는 그를 안심시키며 대답했다.

"그렇게 되면 얼마나 좋겠어요. 언제든 보고 싶을 때 보고 안기고 싶을 때 안길 수도 있고요."

이런 얘기를 나누고 나서 그는 마음이 들뜨기 시작했다. 그리고 별다른 생각 없이 동생에게 모든 것을 털어놓았다. 아우렐리아노 소년은 형의 모험에 조금씩 호기심이 생겼다. 때로는 새벽녘이 가까워질 때까지 잠을 자지 않고 형을 기다렸다가, 한숨도 자지 않고 둘이 얘기를 나누기도 했다. 그 때문에 이들 형제는 수면 부족으로 괴로워했고, 아버지의 박식함이나 연금술에 대해서도 점차 관심이 멀어지기 시작했다.

아이들이 피곤해한다는 것을 눈치챈 우르술라는, 틀림없이 아이들 뱃속에 고약한 회충이 있다고 생각하여 개꽃을 짓이겨 물약을 만들어 주기도 했다.

1월의 어느 목요일 새벽, 아마란타가 태어났다. 우르술라는 사람들이 방에 들어오기 전에 아이의 몸을 찬찬히 살펴보았다. 어찌 되었든 아이의 사지는 멀쩡했다. 둘째 아들 아우렐리아노가 여동생이 생겼다는 소식을 알게 되었을 때는 이미, 온 집안이 사람으로 넘쳐 있었다. 그가 어머니의 방에서 여동생을 보고 있을 때, 그제서야 밤새 외출을 했던 호세 아르카디오가 나타났다.

우르술라가 40일 동안의 산후 조리를 마칠 무렵, 집시들이 다시 돌아왔다. 얼음을 가지고 왔던 집시들로, 이번에는 하늘을 나는 양탄자를 가지고 왔다. 호세 아르카디오와 피라르 테르네라는 집시들이 찾아와서 온 마을이 소란 속에 묻혀 있음을 다행으로 여기며, 맘껏 데이트를 했다. 그들은 많은 사람들 사이에 끼어 다정한 연인처럼 행동하는 동안, 사랑이 자신들이 경험하고 있는 것보다 더 깊은 의미를 지니고 있을지 모른다는 생각을 했다.

그런데 피라르 테르네라가 그 즐거움을 깨고 말았다.

"당신도 이젠 어른이에요. 저 임신을 했어요. 당신은 곧 아빠가 될 거예요."

호세 아르카디오는 그 애기를 들은 날부터 한 걸음도 밖으로 나가려고 하지 않았다. 피라르 테르네라의 요란한 웃음소리만 들려와도 연금술 기구가 놓여 있는 실험실로 도망쳤다. 하지만 고민거리에서 벗어날 수는 없었다. 식욕도 수면도 잃고, 실의에 빠졌다. 아버지는 아들이 연금술에 너무 골몰한 탓이라 판단하고, 실험실에서 일하는 의무를 면제해 주었다.

아우렐리아노만은 형의 고민이 실험실 작업 때문이 아니라는 것을 알고 있었지만, 그 이유를 알 수는 없었다.

고독을 동경하며 세상에 대한 증오심으로 불타던 호세 아르카디오는 어느 날 밤, 야시장의 군중 속으로 들어갔다. 그 곳에서 그는 몸에 구슬을 많이 얽어맨 아주 젊고 어린 집시 처녀를 보았다. 그는 이제껏 살면서 그토록 예쁜 여자를 만나본 적이 없었다. 그는 구경거리에는 눈길도 주지 않고, 집시 처녀가 있는 맨 앞줄까지 헤치고 들어가 그녀 뒤에 섰다. 이 때 두 명의 집시가 살무사가 된 사나이를 우리 안에 가두고, 천막 속으로 들어가자 사회를 보던 집시가 소리를 질러 댔다.

"여러분, 이제 드디어 봐서는 안 될 것을 보았기 때문에 50년 동안이나 매일 밤 이 시간, 목이 잘린 팔자 사나운 여자의 고통을 보게 될 것입니다."

호세 아르카디오와 처녀는 목을 치는 이 장면을 보지 않으려고 했다. 그들은 처녀의 천막으로 가서 서로를 끌어안았다.

이것이 목요일의 일이었다. 그리고 토요일 밤, 호세 아르카디오는 머리에 빨간 띠를 두르고 집시들 사이에 섞여 마을을 떠났다. 우르술라는 그를 찾기 위해 온 마을을 찾아다니다가 어젯밤 살무사 사나이의 우리를 실은 수레를 밀고 가는 아들 녀석을 보았다는 소식을 들었다.

우르술라는 집시들이 어디로 갔는지 수소문하고 다녔다. 길을 헤매면서도 사람들에게 물으면 따라잡을 수 있으리라 생각하고 뒤를 쫓아갔다. 마을에서 자꾸만 멀어져 가는 동안 나중에야 너무 멀리까지 왔다는 것을 알고 그녀는 돌아갈 기력마저 잃어버렸다.

저녁 8시쯤, 울고 있는 아마란타를 보러 가서야 호세 아르카디오 부엔디아는 아내가 없어졌다는 사실을 알았다. 그로부터 두어 시간 후, 마을 아낙네에게 아마란타를 맡기고 잡초가 뒤덮인 오솔길 건너편으로 향했다. 이 수색은 3일에 걸쳐 계속되었으나 헛수고만 하고 다시 마을로 돌아왔다.

호세 아르카디오 부엔디아는 몇 주 동안 완전히 정신을 잃고 있었다. 그러나 그는 어린 딸 아마란타를 돌보아야 했다. 목욕을 시키고 옷을 갈아입히고, 하루에 네 번씩 젖을 얻으러 다녔으며 우르술라도 부르지 않았던 자장가까지 불러 주었다.

피라르 테르네라가 우르술라가 돌아올 때까지 집안일을 돕겠다며 왔다. 아우렐리아노는 그녀가 자기 집으로 들어오는 것을 본 순간, 형의 가출이나 어머니의 실종이 이 여자 때문이라고 생각하며 적의를 나타냈다. 그래서인지 그녀는, 그 후 다시는 이 집에 나타나지 않았다.

　우르술라가 실종된 지 거의 5개월이 지났을 무렵, 느닷없이 그녀가 마을로 되돌아왔다. 마을에서는 본 적도 없는 새로운 모양의 옷을 입고 있었다. 그녀는 젊어지고 원기 왕성해져 있었다. 호세 아르카디오 부엔디아는 가까스로 기쁨의 충격을 진정시켰다. 하지만 그녀는 남편만큼 기뻐하지 않았다.

　우르술라는 식료품을 실은 노새와 가구와 집기 따위를 실은 우마차를 끄는 사람들과 함께 왔다. 그들은 우편물이 오가고, 여러 편리한 기계들이 있는, 걸어서 이틀쯤 걸리는 늪지의 건너편 고장에서 온 사람들이었다. 우르술라는 집시를 따라잡을 수는 없었으나, 위대한 문명의 이기를 구하려다 실패했던 남편과는 달리 우연히 문명 세계로 향하는 길을 찾아 냈던 것이다.

4

　피라르 테르네라가 낳은 남자 아이는 생후 2주일 만에 할머니 할아버지의 손에 넘겨졌다. 자기의 핏줄을 받은 아이가 앞으로 어떻게 될지도 모른다고 고집하는 남편 때문에 우르술라는 어쩔 수 없이 아기를 받았다. 그리고 아이에게 출생의 비밀은 결코 밝히지 않겠다고 다짐했다. 아이 이름은 호세 아르카디오라고 지었지만, 그저 아르카디오로 불렸다.

　그 무렵부터 마을의 생활이 넉넉해지고 집에 드나드는 사람도 많아지자, 비시타시온이라는 과히로 족 여자에게 아이의 뒷바라지를 맡겼다. 비시타시온은 카타우레라는 남동생을 데리고 왔다. 누나나 동생 모두 얌전하고 부지런했다. 아르카디오와 아마란타는 보모 때문에 에스파냐 말보다 과히로 말을 먼저 배웠고, 도마뱀 수프나 거미알 맛을 알게 되었다.

우르술라는 동물 모양의 엿을 만들어 팔았다. 장사가 잘 되어서 바빴기 때문에 아이들에 대해서는 무관심했다.

이제 마콘도의 모습은 많이 변해 있었다. 가난했던 마을은 가게나 작업장이 즐비하게 늘어선 도시로 바뀌었다.

또 그 사이 집시 행상인들이 돌아왔다. 그러나 호세 아르카디오는 돌아오지 않았다. 우르술라가 생각하기에 아들에 대해 알 수 있는 유일한 사람이라고 여기는 살무사 사나이도 그 일행에 끼어 있지 않았다. 우르술라는 아들의 행방불명이 집시들 때문이라고 생각했기 때문에 집시들을 시내에 들어오지 못하게 했다. 다만, 낯익은 멜키아데스 일족만은 시의 발전에 기여한 바가 있어서 언제든지 환영한다고 호세 아르카디오 부엔디아는 분명히 밝혀 두었다.

호세 아르카디오 부엔디아는 마콘도를 질서와 노동을 지상 목표로 하는 도시로 건설해 갔다. 그러면서 마을의 건설 당시부터 요란스런 울음소리로 시각을 알려 주던 새들 대신, 모든 집에 차임벨이 달린 시계를 달게 했다. 도시는 30분마다 똑같이 울리는 화음으로 활기가 넘쳤다.

아버지가 시를 정비하는 데 열중하고, 어머니가 닭이나 물고기 모양의 엿 장사로 비교적 넉넉한 가계를 꾸려 가는 동안, 아우렐리아노는 연구실을 한시도 떠나지 않고 금 가공 기술을 익혀 가고 있었다. 사춘기가 되어 음성의 부드러움도 사라지고 고독을 사랑하는 인간으로 변했으나, 태어났을 때의 예리함이 눈초리에 다시 살아났다. 그는 금세공 실험에 넋을 잃고, 연구에 몰두하느라 식사를 거르기도 했다.

아버지는 그의 지나친 몰두를 염려하며, 이제 여자를 생각할 나이가 되었다고 생각하고는, 그에게 집 열쇠와 약간의 돈을 주었다. 그런데 아우렐리아노는 그 돈으로 실험에 필요한 염산을 구입했고, 열쇠에는 홀륭한 황금빛 도금을 했다.

한편 아르카디오와 아마란타는 이미 젖니를 갈 나이가 되었지만, 온종일 인디언 남매에게 잡혀 과히로 말만 할 뿐 에스파냐 어로는 절대 말하려 하지 않았다.

일요일에 한 소녀가 찾아왔다. 그 아이의 이름은 레베카였고, 나이는 열한 살이었다. 레베카는 편지와 함께 호세 아르카디오 부엔디아의 집까지 전해 달라고 부탁을 받은 피혁 상인들을 따라 멀리 마나우레에서 왔다. 호세 아르카디오 부엔디아 앞으로 된 편지의 발신자는, 레베카가 우르술라의 조카로, 먼 친척이 된다고 씌어 있었다. 그러나 호세 아르카디오 부엔디아나 우르술라는 편지에 씌어진 이름의 친척이 있는지 기억이 나지 않았다.

레베카는 도착하자마자, 흔들 의자에 앉아 손가락을 빨고 있었다. 주눅이 든 것처럼 눈을 크게 뜨고, 무슨 말을 해도 두리번거리기만 했으며 알아듣고 있다는 시늉조차 하지 않았다. 귀머거리가 아닌가 의심할 정도였으나, 인디언 남매가 물을 마시겠느냐고 물었을 때는 고개를 끄덕였다. 달리 어쩔 도리가 없어 그들은 그녀를 맡기로 했다.

레베카가 한 식구가 되어 적응을 하기까지는 많은 시간이 걸렸다. 레베카는 대부분의 시간을, 집 안의 제일 깊숙한 구석에서 흔들의자에 앉아 손가락을 빨았다. 어떤 일에도 주의를 기울이지 않았으나 시계의 차임벨 소리만은 예외여서, 30분마다 깜짝깜짝 놀랐다.

그런데 아무리 먹이려고 해도 며칠 동안 식사를 하지 않았다. 그러다 인디언 남매는 레베카가 안뜰의 축축한 흙과 벽에서 긁어 낸 석회를 먹는다는 사실을 알게 되었다. 부모나 그녀를 키운 누군가로부터 이 버릇으로 인해 꾸중을 들었던 것이 분명해 보였다. 자신도 그것이 나쁜 짓이란 것을 알고 있는지, 아무도 보지 않는 곳에서 남몰래 먹으려고 석회를 숨겨 두었기 때문이다.

이 때부터 그녀는 엄격한 감시를 받았다. 그 버릇을 고치기 위해 안 뜰에는 소 오줌을 뿌렸고, 벽에는 고춧가루를 발라 놓았다. 그런데도 그녀는 못된 지혜를 동원해 흙을 파 내었고, 급기야 우르술라는 대황을 섞은 오렌지즙을 냄비에 담아 하룻밤 동안 이슬을 맞게 한 후, 아침식사 전에 그 즙을 마시게 하였다. 빈 속에 뭔가 쓴 것이 들어가면, 간장의 작용이 활발해지리라는 생각에서였다. 대황이 효험이 있었는지, 아니면 매가 효과가 있었는지 두어 주일 지나자 레베카는 석회를 먹지 않았다.

레베카는 아르카디오나 아마란타와 소꿉 친구가 되었고, 시간이 지나면서 차츰 식기를 들고 제대로 먹을 수도 있게 되었다. 또 에스파냐 말도 하고 손으로 하는 일에도 재능을 보였다. 곧 레베카는 가족의 일원이 되었다.

레베카가 흙을 먹는 버릇을 고쳐 아이들이 자는 방으로 옮겨질 무렵, 어느 날 밤 비시타시온은 흔들 의자에 앉아 있는 레베카가 어둠 속에서 고양이처럼 눈을 빛내며 손가락을 빨고 있는 것을 보았다. 악질적인 전염성 불면증에 걸린 것이다.

"잠을 잘 필요가 없다니 그런 행복이 어디 있어. 그 사이 더 많은 일을 할 수 있잖아."

이 일에 대해 호세 아르카디오 부엔디아는 아무렇지도 않게 말했다. 그런데 비시타시온의 설명에 의하면, 이 불면증이 무서운 것은 잠을 안자는 것이 아니라, 금방 잊어버리는 건망증이라는 위험한 증상으로 치닫는다는 것이었다.

몇 주일이 지난 어느 날 밤, 호세 아르카디오 부엔디아는 잠을 이루지 못하고 침대 위에서 뒤척이고 있는 자신을 발견했다. 역시 깨어 있던 우르술라가 왜 그러냐고 묻자 그는 프루덴시오 아기라르의 일을 생각하고 있었다고 말했다. 이들은 한숨도 자지 못했다.

그런데 다음 날 아침이 되어도 피로를 조금도 느낄 수 없었기 때문에, 그 지루하던 전날 밤의 일에 대해서는 까맣게 잊어버렸다. 아우렐리아노도 밤새 실험실에서 우르술라에게 선물할 브로치를 도금했는데도 전혀 피곤하지 않다고 말했다.

사흘째 되던 날, 드디어 식구들은 당황하기 시작했다. 잠잘 시간이 되어도 조금도 졸리지 않았다. 그들은 50시간 이상 잠을 자지 않고 있었던 것이다.

우르술라는 자기의 어머니로부터 들은 적이 있는 갖가지 풀이나 나무를 섞어 약을 만들어서 온 가족에게 마시게 했다. 그러나 그 날도 잠을 자기는커녕 밤새도록 눈을 뜬 채 꿈을 꾸었다.

그런 환각 상태에서 이들은 자신의 꿈에 나타나는 환상만 보는 것이 아니라, 남의 꿈에 나타난 환상까지 보게 되었다. 레베카는 자기와 똑같이 생긴 한 남자로부터 장미꽃 다발을 받는 꿈을 꾸었다. 남자 곁에는 어떤 여자가 서서 꽃다발에서 장미 한 송이를 뽑아 레베카의 머리에 꽂아 주었다. 우르술라는 그 남녀가 레베카의 부모가 틀림없다고 생각했으나 아무리 기억하려 해도 한 번도 만나본 적이 없는 사람들이라는 확신을 하며 꿈에서 깨어났다.

처음에는 그들은 잠이 안 오는 것을 기뻐했다. 마콘도에는 할 일이 많아서 늘 시간이 모자랐기 때문이다. 이윽고 호세 아르카디오 부엔디아는 시 전체가 불면증 돌림병에 걸린 사실을 알았다.

이 무렵, 마콘도 근처의 골짜기를 통과하는 다른 고장 사람들은, 그 병에 걸리지 않았다는 것을 증명하기 위해 방울을 흔들며 걸어가야 했다. 그들은 마콘도에 머무는 동안에도 먹고 마시지 않았기에 다행히 그 전염병은 다른 고장으로 퍼지지 않았다. 불면증 전염병이 돌 때 비시타시온의 동생 카타우레는 병에 전염될까 두려워 마콘도를 도망쳤다.

몇 달이나마 기억 상실을 물리칠 수 있는 방법을 발견한 것은 아우렐리아노였다. 거의 최초에 발병한 환자 중 한 사람이었던 그는, 그 사이 금세공을 완전히 익히고 있었다. 그런데 어느 날, 금속을 얇게 늘리기 위해 사용하던 조그마한 철로 된 기구의 이름이 도저히 생각나지 않았다. 그것을 본 아버지가,

"철상을 찾니?"

하고 물었다. 아우렐리아노는 '철상'이라는 이름을 종이에 적어 철상 위에 붙여 두었다. 그로부터 2, 3일이 지나자 그는, 연구실의 거의 모든 도구의 이름이 기억나지 않는다는 것을 알았다. 그래서 그는 도구마다 이름을 새겨 두기로 했다. 호세 아르카디오 부엔디아는 이것을 집 안에서만 실행하는 것이 아니라, 온 마을에 실행했다. 먹물을 묻힌 붓으로 '책상', '시계', '문짝', '침대', '암소', '바나나'라고 각각 써 붙였고, 물건이나 동식물에 그 이름을 계속 써 붙였다.

다시 며칠이 지난 후 그는, 물건을 확인할 수는 있지만 사용 용도를 생각해 내지 못할 때가 올 것이라는 생각을 하게 되었다. 그래서 이름과 용도를 같이 써서 붙여 놓기 시작했다.

'이것은 암소. 매일 아침 젖을 짜야 하고, 끓여서 커피에 섞어 밀크 커피를 만든다.'

이런 방법을 통해 그들은 기억 상실을 어느 정도 보충할 수 있었으나, 씌어진 문장의 의미를 잊어버리면 큰일이었다. 늪지에서 들어오는 신작로 어귀에는 '마콘도'라는 푯말을, 또 시내 중심의 거리에는 '데이오스 엑시스테(신은 존재한다는 뜻)'라는 푯말을 세웠다.

그러던 어느 날, 지저분한 한 노인이 새끼줄로 엮은 손가방을 안고

넝마를 쌓아올린 손수레를 끌고는 신작로에 모습을 드러냈다. 노인은 곧바로 호세 아르카디오 부엔디아의 집으로 향했다. 호세 아르카디오 부엔디아는, 그 노인을 예전에 만난 적이 있으나 지금은 기억하지 못하는 사람인지도 모른다고 생각하며 극진하게 대접했다.

노인은 기묘한 물건이 잔뜩 들어 있는 손가방을 열더니, 그 안에서 많은 병이 들어 있는 작은 상자를 꺼냈다. 맑은 빛깔을 띤 액체를 받아 마시는 순간, 호세 아르카디오 부엔디아의 정신이 확 맑아지며 기억이 돌아왔다. 그의 눈에는 눈물이 솟아났다. 물건마다 낱낱이 명찰이 붙어 있는 우스꽝스런 거실에 앉아 있는 자신을 보면서, 이 기쁨을 가져다준 손님이 누구인지 알게 되었던 것이다. 그는 바로 멜키아데스였다.

마콘도 사람들이 기억 회복을 기뻐하고 있는 동안, 호세 아르카디오 부엔디아와 멜키아데스는 옛 정을 나누었다. 멜키아데스는 죽음의 세계에 있었지만 고독을 견뎌 내지 못해 다시 이 세상에 돌아온 것이었다.

멜키아데스는 삶에 대한 집착의 벌로 모든 초자연적인 능력을 빼앗기고, 같은 종족으로부터도 외면을 당하자, 오직 은판 사진술 개발을 서두르기로 마음을 굳히고 있었다.

호세 아르카디오 부엔디아는 금속판 위에 자기와 가족들의 모습이 나타난 것을 보고는 말도 못할 정도로 경악했다. 사진을 찍을 때마다 자기 목숨이 조금씩 줄어드는 것은 아닐까 의심할 정도였다.

우르술라는 옛 원한도 잊은 채, 멜키아데스를 집에서 살 수 있도록 배려해 주었다. 그러면서도 그녀는 대대손손 웃음거리가 되기 싫다며 사진 찍기는 끝내 거부했다.

멜키아데스는 시중에서 사진이 될 만한 것은 전부 건판에 프린트를 했고, 호세 아르카디오 부엔디아에게 은판 사진 실험실도 맡겼다. 이 신비하고 기괴한 집에서 우르술라만이 상식을 벗어나지 않으려고 애쓰고

있었다. 그녀는 가마솥을 놓고 동물 모양의 엿을 파는 일을 확대했으며, 휴식을 취할 나이가 되었음에도 불구하고 더 사업에 열중하고 있었다.

3년 동안이나 외할머니 상복을 입다가 검은 옷을 벗고 어여쁜 자태를 드러내고 있는 레베카, 조금 품위가 떨어지긴 하지만 고상함을 지닌 아마란타, 아버지에게 물려받은 고집을 고스란히 지닌 것 같은 아르카디오, 그리고 금세공 수업과 읽고 쓰기 수업에 바쁜 아우렐리아노……

우르술라는 집 안이 사람들로 꽉 차 있음을 깨달았다. 그녀는 자식들도 결혼을 하여 자식을 가질 나이가 되었으므로, 만약 살 곳이 없으면 모두 뿔뿔이 흩어지고 말 것이라는 생각을 했다. 그래서 오랫동안 저축해 놓은 돈을 털어 집 증축에 착수했다. 새 집이 마무리될 즈음 우르술라는 호세 아르카디오 부엔디아에게 그들 가족이 원하는 흰색 대신 파란색으로 건물을 칠해야 한다는 관청의 통지서를 내밀었다.

시장 돈 아폴리나르 모스코테가 마콘도에 와서 처음 취한 조치가 바로, 조국의 독립기념일을 경축하기 위해 모든 가옥을 파란색으로 다시 칠하라는 통보였다. 호세 아르카디오 부엔디아는 그 사본을 들고 시장을 찾아갔다.

"이 고시문을 낸 게 당신이오? 무슨 권리로 이러는지 알 수가 없군."

호세 아르카디오 부엔디아가 따지고 대들자, 시장은 책상 서랍에서 종이 쪽지를 내밀며,

"내가 이 고장 시장으로 임명되었소."

하고 말했다.

호세 아르카디오 부엔디아는 종이 쪽지에는 눈길도 주지 않고 차분한 음성으로 말했다.

"이 고장에서는 종이 한 장으로 이래라저래라 할 수 없소. 분명히 말해 두겠는데, 우리에게는 시장 같은 건 필요 없소."

그는 큰 소리를 치지는 않았지만 자기가 이 도시를 어떻게 건설했고 어떻게 토지를 분배해 왔는지, 또 정부의 도움 없이 어떻게 도시를 개선시켜 왔는지 소상하게 들려주었다.

"억지로 집을 파랗게 칠하라거나 소란을 피울 생각으로 이 곳에 왔다면, 당장 짐을 꾸려 돌아가는 것이 현명할 거요. 내 집은 누가 뭐래도 하얗게 칠할 테니까."

시장은 창백해진 얼굴로 한 걸음 뒤로 물러서며 말했다.

"미리 알려 두지만 우린 총이 있소."

순간, 호세 아르카디오 부엔디아는 돈 아폴리나르 모스코테 시장의 멱살을 잡더니 눈을 들여다보며 말했다.

"이런 짓을 하고 싶지는 않지만 정말 어쩔 수 없군. 이것도 당신을 죽이고 싶지 않아서야. 평생 당신을 살해했다는 죄를 짊어지고 살 순 없으니까."

호세 아르카디오 부엔디아는 시장의 멱살을 잡아 공중으로 치켜든 다음, 거리 한복판으로 나와 땅바닥에 그를 내려놓았다.

그런데 그 일이 있은 지 일주일 후, 시장은 엽총을 들고 맨발에 누더기를 걸친 군인 여섯 명의 호위를 받으며, 아내와 일곱 딸을 태운 우마차를 끌고 마콘도를 찾아왔다.

마콘도를 건설한 사나이들은 이 침입자를 내쫓으려 했지만, 호세 아르카디오 부엔디아는 반대했다. 모스코테는 처자식을 데리고 왔고, 처자식 앞에서 욕을 보이는 것은 대장부가 할 일이 아니라는 것이 그 이유였다. 그는 가급적 사태를 온건하게 처리하려고 아우렐리아노와 함께 시장을 찾아갔다.

시장은 냉정한 태도로 그 때 마침 함께 있던 두 딸, 열여섯 살의 암파로와 백합 같은 살결에 초록눈을 가진 아홉 살의 레메디오스를 소개했다. 딸들은 상냥하고 예의가 바른 편이었다.

"이 곳에 있고 싶으면 머물러도 좋아요. 하지만 분명히 얘기하지만 총을 가진 산적들이 있어서가 아니라 당신 부인이나 따님들에게 경의를 표하기 위해서요."

시장은 화가 났지만 부엔디아는 상대에게 답변할 틈도 주지 않고 계속 말을 이었다.

"다만, 두 가지 조건이 있소. 하나는 자기 집 색은 자유롭게 선택할 수 있도록 할 것, 또 한 가지는 군대를 즉시 철수시키는 것이오. 치안은 우리가 보장할 테니 걱정 마시오."

"명예를 걸고 맹세할 수 있소?"

"맹세하오. 하지만 당신과 나는 앞으로 줄곧 원수 사이일 거요."

부엔디아가 거북하다는 투로 말했다.

이 날 오후, 군인들은 시를 떠났다. 며칠 뒤 호세 아르카디오 부엔디아는 시장 가족이 살 집을 주선해 주었다. 이것으로 일은 수습되었다. 그러나 아우렐리아노만은 예외였다. 시장의 막내딸 레메디오스의 모습이 마음속 깊이 파고들어 그를 괴롭혔던 것이다.

5

비둘기처럼 새하얗게 칠한 새 집의 피로연으로 댄스 파티가 열렸다. 우르술라는 레베카와 아마란타가 성숙한 처녀가 되었음을 알아차린 후부터 이 행사를 계획하고 있었다. 파티를 화려하게 하기 위해 그녀는 부지런히 일을 했고, 젊은이들을 즐겁게 할 자동 피아노도 주문했다. 수입상은 자동 피아노를 조립하고 조율했으며, 조작법을 가르쳐 주었다. 또 유행음악의 댄스곡을 가르쳐 주기 위해 피에트로 크레스피라는 이탈리아 기사도 파견해 주었다. 피에트로 크레스피는 마콘도에서 이제껏 볼 수 없었던 용모와 교양을 갖추었으나, 어지간히 멋을 부리는 사람으로, 무더운 날씨인데도 조끼에 두툼한 상의를 입고 작업을 했다.

이 날, 이 이탈리아 청년은 우르술라 가족과 점심을 함께 했다. 레베카와 아마란타는 이 멋진 젊은이가 아직 반지를 끼지 않은 하얀 손으로 우아하게 나이프와 포크를 사용하는 모습에 완전히 넋을 잃었다. 피에트로는 거실 옆방에서 댄스를 가르쳤는데, 딸들이 레슨을 받는 동안 우르술라는 한시도 방에서 떠나지 않고, 감시를 했다.

그 날부터 파티 준비가 본격적으로 시작되었다. 우르술라는 초대 손님 리스트를 작성했고, 도자기를 꺼내 놓았으며 예쁜 그림을 벽에 걸었다. 그 동안 호세 아르카디오 부엔디아는 신이 존재하지 않는다고 결론을 내리고, 자동 피아노에 감춰진 수수께끼를 풀기 위해 자동 피아노를 분해했다. 어렵사리 그가 분해한 악기를 다시 조립하고 났을 때, 파티는 이틀 앞으로 다가와 있었다.

그런데 아마란타와 레베카에게 댄스를 시작하라고 할 생각으로 자동 피아노에 첫 번째 테이프를 걸었을 때, 도무지 소리가 나지 않자 우르술라의 실망은 이만저만이 아니었다. 호세 아르카디오 부엔디아가 손을 대서 장치를 작동하게 하는데는 성공했지만, 소리는 뒤죽박죽이었다. 그렇지만 이 어색하고 흔들리는 멜로디 속에서도 사람들은 다음 날 아침이 될 때까지 댄스를 계속했다.

파티가 끝난 후, 피에트로가 자동 피아노를 수리하기 위해 다시 왔다. 레베카와 아마란타는 그의 일을 도왔다. 그가 너무도 예의바르고 성실했기 때문에 우르술라도 감시를 중단했다. 드디어 피아노 수리가 끝나자 피에트로가 이 그 고장을 떠나는 이별의 파티가 열렸다. 그는 레베카와 짝이 되어 새로운 댄스를 멋지게 추었다. 아르카디오와 아마란타도 뒤질세라 아름다운 댄스를 선사했다.

밤이 깊어지자 피에트로 크레스피는 작별 인사를 하고, 머지않은 장래에 꼭 이 곳으로 돌아오겠다고 말하고는 떠났다. 문까지 전송했던 레베카는 자기 방으로 들어서자마자 울음을 터뜨렸다.

그녀는 소탈하고 솔직한 것처럼 보였지만 근본적으로 고독한 성격이었다. 키가 훤칠하고 눈부실 정도로 아름다운 처녀가 되었으나, 아직도 처음 왔을 때 사용하던 목재 흔들 의자를 사용하고 있었다. 손가락을 빠는 버릇도 여전히 남아 있었다. 친구들과 얘기를 하다가도 무슨 얘기를 나누고 있었는지 잊어버리기 일쑤였고, 마당에 쌓인 흙덩이를 보면 눈물을 흘리곤 했다. 그녀는 다시 흙을 입에 넣었다. 여기저기 호주머니에 남몰래 흙을 넣어 두고 사람들이 눈치채지 못하도록 조금씩 입에 머금고는, 행복감도 초조감도 아닌 막연한 기분에 잠겼다.

어느 날 오후, 시장의 딸인 암파로 모스코테가 찾아왔다. 뜻밖의 손님을 맞아 당황하면서도 아마란타와 레베카는 단정하고 예의있게 그녀를 접대했다. 암파로의 품위있고 매력적인 태도는 우르술라를 놀라게 했다. 두 시간이 지나 대화가 부드러워졌을 무렵, 암파로는 아마란타가 눈치채지 못하게 한 통의 편지를 레베카에게 건네주었다. 그 편지는 피에트로 크레스피가 보낸 것이었다.

갑자기 시작된 암파로 모스코테와 레베카 부엔디아의 우정은 아우렐리아노의 가슴을 설레게 했다. 그는 아직도 어린 레메디오스 생각으로 괴로워하고 있었다.

그러던 어느 날, 암파로와 레메디오스가 함께 방문했다. 그가 가슴을 두근거리며 눈을 들자, 핑크빛의 얇은 무명옷을 입고 새하얀 장화를 신은 레메디오스가 문앞에 서 있었다. 그러나 레메디오스는 그의 작업실을 찾아오지는 않았다.

이제 부엔디아 집안은 사랑으로 넘쳤다. 아우렐리아노는 자신의 짝사랑을 시로 노래했다. 레베카는 오후 4시만 되면 창문 옆에서 자수를 하며 사랑의 편지를 기다렸다. 우편물을 나르는 노새가 2주일에 한 번 온다는 것을 알고 있었으나, 그 일정이 잘못되어 언제 올지 알 수 없다고 생각했기 때문이다. 그러나 예정된 날에도 노새가 도착하지 않는 일이 생기면, 레베카는 한밤중에 일어나 눈물을 흘리며 목구멍이 막히도록 마당의 흙을 입에 쑤셔넣고 지렁이를 질근질근 씹었다. 또한 어금니가 상하도록 달팽이 껍질을 깨물었다. 그러다 새벽녘까지 구역질을 하고 발열과 동시에 의식을 잃었다.

우르술라는 도무지 이유를 알 수 없어 레베카의 가방을 열어 보게 되었다. 가방에서 좋은 향기가 나는 열여섯 통의 편지와 금방 부서질 것 같은 박제 나비를 발견했다. 그제야 우르술라는 레베카가 왜 그러는지 알게 되었다.

아우렐리아노 역시 레메디오스에 대한 그리움으로 괴로워하면서 술에 취해 방황했다. 어느 날 그는 몽롱한 상태에서 낯선 방에 벌거벗고 누워 있는 자신을 발견했다. 바로 피라르 테르네라의 집이었다. 그녀는 아우렐리아노를 안아 주었고, 머리를 매만지며 마음이 가라앉기를 기다렸다가 물었다.

"누군가를 사랑하는군요. 가엾어라. 그래, 상대가 누구예요?"

아우렐리아노는 그 이름을 털어놓았다. 그러자 피라르가 놀리듯이 말했다.

"너무 어린아이잖아요. 다 키운 다음에 결혼해야겠는데요."

그러나 아우렐리아노는 농담처럼 한 이 말 속에서 모든 것을 이해해 주는 그녀를 느낄 수 있었다. 다음 날 아침, 그녀는

"내가 그 애에게 얘기해 볼 테니 기다려요. 잘 되게 해 줄 테니까."

하고 말했다.

그녀는 약속을 지켰지만 시기가 나빴다. 열에 들떠 헛소리를 하는 레베카의 상사병이 밝혀진 데다가, 아마란타까지 열병에 걸려 있었다. 아마란타 또한 짝사랑으로 괴로워하고 있었던 것이다. 우르술라는 두 사람의 병간호로 눈코 뜰 새 없이 바빴다. 둘 다 피에트로 크레스피가 원인임을 알게 된 그녀는 너무 화가 나서 자동 피아노를 사겠다고 마음먹은 그 날을 저주했다. 그리고 자수모임을 중단하고, 딸들이 헛된 소망을 버릴 때까지 상복을 입기로 작정했다.

그리하여 아우렐리아노는 레메디오스가 자기와의 결혼을 허락했다는 얘기를 들었을 때도, 부모님이 슬퍼할 것이라는 생각을 먼저 했다. 호세 아르카디오 부엔디아와 우르술라는 아들의 얘기를 듣고 처음에는 별로 놀라지 않았으나, 상대의 이름을 듣고는 부엔디아의 얼굴이 벌겋게 달아오르며 화를 냈다. 그러나 우르술라는 이 선택에 찬성을 하고 나섰다. 미인이요, 일 잘하고 얌전하며 몸가짐도 바르니 모스코테의 딸이라면 나무랄 데가 없다며, 아들의 안목을 칭찬했다.

아내의 열렬한 응원을 물리치지 못한 호세 아르카디오 부엔디아는 한 가지 조건을 내세웠다. 레베카를 피에트로 크레스피와 결혼시킬 것, 그리고 아마란타는 우르술라가 주 소재지로 가끔 데리고 가서, 다른 사람과 교제하도록 마음을 가라앉게 해 주어야 한다는 것이었다.

이 소식을 들은 날부터 레베카는 원기를 회복했다. 그러나 아마란타는 마음속으로 레베카가 결혼할 수 있다면 그것은 자신이 죽었을 때라야만 가능할 것이라고 맹세했다.

다음 주 토요일, 호세 아르카디오 부엔디아와 우르술라는 레메디오스 모스코테와 아들과의 결혼을 신청하러 갔다. 시장과 그 아내는 갑작스런 방문에 당혹감과 기쁨이 섞인 복잡한 표정으로 그를 맞이했다. 호세 아르카디오 부엔디아가 방문 목적을 밝히자, 모스코테는 맥이 빠져 말했다.

"우리 집에는 그 애말고도 과년한 처녀들이 여섯이나 있소. 아드님처럼 성실한 젊은이의 아내로는 모두 걸맞다고 생각해요. 그렇지만 레메디오스는 아직 오줌도 못 가리는 아이입니다."

얌전한 인품의 시장 부인은 남편의 말투를 꾸짖으며, 우르술라와 단둘이 얘기를 나누고 싶다고 전했다. 우르술라는 레메디오스가 아직 월경을 하지 않는다는 말을 들었다. 아우렐리아노는 그것을 큰 문제로 여기지 않았다. 애를 태우며 기다린 것을 생각하면, 신부가 아이를 낳을 수 있는 나이가 될 때까지 얼마든지 기다릴 수 있다고 했다.

이 집안에 다시 평화가 깃들 무렵, 멜키아데스가 죽었다. 그가 돌아온 처음 얼마 동안은 호세 아르카디오 부엔디아도 사진술이나 노스트라다무스의 예언 등에 이끌려 그가 하는 일을 도왔지만, 얘기가 점차 통하지 않자 그를 혼자 두는 일이 많아졌다. 그는 눈과 귀도 멀어 눈앞의 상대도 혼동하여, 무엇을 물으면 알 수 없는 말로 대꾸하곤 했다. 그가 가는 곳은 아우렐리아노의 작업실이 고작이었고, 마지막에는 식욕을 잃고 채소 외에는 입에 대지 않았다. 결국 형편없이 여윈 상태가 되었다. 절대 벗으려고 하지 않는 조끼에는 곰팡이가 슬었고, 그가 숨을 쉴 때에는 들짐승 냄새까지 풍겨 왔다.

아우렐리아노의 금세공 일을 돕기 시작한 아르카디오만이 멜키아데스와의 대화에 적극적인 노력을 보였다. 그 노력에 응하기 위해 가끔 멜키아데스는 두서 없는 에스파냐 말을 뇌까렸는데, 어느 날은 '내가 죽으면 내 방에 3일 동안 수은을 피워 다오.' 하고 말하기도 했다.

이 무렵부터 멜키아데스의 몸에서 심한 냄새가 났기 때문에, 목요일이 되면 아르카디오는 그를 데리고 강으로 목욕을 하러 갔다. 그러던 어느 목요일, 강에 가자는 말을 하기 전에 멜키아데스가 중얼거렸다.

"나는 싱가포르 모래톱에서 열병으로 죽었었지."

그 날 멜키아데스는 잘못해서 위험한 곳에 빠지고 말았다. 다음 날 아침에야 멜키아데스는 몇 킬로미터 떨어진 하류의 모퉁이에서 시체로 발견되었다. 그런데 호세 아르카디오 부엔디아는 시체를 매장하는 것을 허락하지 않았다.

"그 영감은 불사신이야. 소생시키는 법을 다 가르쳐 줬단 말이야."

그는 버려 두었던 솥을 꺼내 시체 곁에서 냄비에 수은을 넣고 끓이기 시작했다. 보다못한 모스코테 시장이 물에 빠져 죽은 사람을 매장하지 않는 것은 공중위생상 좋지 않다고 주의를 주었지만, 부엔디아는 영감이 아직 살아 있다고 주장했다. 72시간 동안 계속 수은을 태웠으나 그 일이 끝날 무렵에, 파란 꽃이 피듯이 시체의 여기저기가 터지기 시작했고, 온 집 안에는 견딜 수 없는 악취가 퍼졌다. 결국 부엔디아도 매장하라고 했다. 그것이 마을이 건설된 이래 최초의 장례식이었다.

장례로 인해 구 일간 밤샘을 했고, 많은 사람들이 안뜰에 모여 담소를 나누었다. 그 사이, 아마란타는 그 혼잡함을 이용해 피에트로 크레스피에게 자신의 사랑을 고백했다.

풍성한 물결 모양의 머릿카락을 가진 이탈리아 인이 아마란타를 어린애 취급하듯 하자, 그녀는 깊은 한을 품고 자기의 시체로 이 집의 출입문을 막아서라도 언니의 결혼을 방해하고 말 테니 두고 보라고 쏘아붙였다. 이탈리아 인은 이 협박에 놀라서 그 말을 레베카에게 전했다. 그 결과 우르술라의 분주함으로 미뤄지고 있던 아마란타의 여행 준비가 불과 일주일 만에 끝났다. 아마란타는 레베카에게 자신이 사랑을 포기하지 않았음을 보여 주었다.

"까불지 마! 내가 아무리 멀리 간다 해도 이 결혼만은 방해하고 말 테니까. 언니를 죽일지도 몰라."

우르술라가 집을 비우고, 멜키아데스의 그림자가 아직 방 안을 헤매고 있는 듯한 저택은 을씨년스러웠다. 레베카는 집 안 정돈을 맡았고, 비시타시온은 빵 굽는 일을 했다. 날이 저물 무렵, 피에트로 크레스피가 상쾌한 라벤더 향내를 풍기며 장난감 선물을 가지고 찾아왔다. 신기하게도 그가 가지고 온 장난감은 멜키아데스의 죽음으로 인한 호세 아르카디오 부엔디아의 슬픔을 없애 주었으며, 다시 연금술에 몰두하게 했다.

한편, 아우렐리아노는 작업실에서 어린 레메디오스에게 읽고 쓰기를 가르쳤다. 처음 얼마 동안 그녀는, 오후가 되면 찾아오는 이 남자보다 인형을 좋아했다. 그녀는 이 남자 때문에 놀이를 중단해야 하고, 목욕을 해야 하고, 옷을 갈아입고 홀에 앉아 있어야 했다. 하지만 결국 아우렐리아노의 참을성과 열정에 이끌려 몇 시간이고 그의 곁에서 단어의 뜻을 외거나 색연필로 그림을 그리기도 했다.

아마란타에게 협박을 받은 레베카만이 침울해 있었다. 고집 센 동생의 성격을 알고 있었기 때문에 초조한 마음을 누를 수가 없었다. 그녀는 흙을 입에 넣고 싶은 기분을 필사적으로 억누르며 몇 시간이고 욕실에 앉아 손가락을 빨았다. 불안한 마음에서 벗어나려고 그녀는 장래를 점쳐 보기 위해 피라르 테르네라를 불러들였다. 아르카디오가 태어난 이후에 이 집에 발을 들이기 힘들었던 그녀는 레베카와의 우정을 통해 다시 드나들기 시작했다.

그녀는 가끔 작업실에 찾아가서 사진의 건판을 감광액으로 처리하는 아르카디오를 도와주었는데, 솜씨가 좋고 조심스러워서 아르카디오가 감탄했다. 그런데 아르카디오는 그녀가 다가오면 마음이 산란하여 눈앞에 있는 물건에 걸려 넘어지기도 했다.

어느 날, 피라르 테르네라가 입술을 깨물고 쓸쓸한 미소를 지으며 아우렐리아노에게 무언가 말하려고 머뭇거리자, 아우렐리아노는 무언가를 눈치챘다.

"알았어요. 당신은 내 아기를 임신한 거죠? 걱정하지 말아요. 아이가 태어나면 내 이름을 붙여 줄 테니까."

아우렐리아노가 재빨리 말했다.

그 사이 호세 아르카디오 부엔디아는 평소 생각해 오던 것을 드디어 발명했다. 태엽이 달린 무용수 인형에 시계 장치를 붙인 것이다. 장난감은 음악에 맞춰 3일 동안 쉬지 않고 춤을 추었다. 이 발명으로 그는 흥분하여 식사도 잊고, 잠을 자는 것도 잊어버릴 지경이었다. 열에 들뜬 듯한 계속된 철야로 지쳐 버린 그는, 어느 날 아침에 침실에 들어온 백발의 노인이 도대체 누구인지 짐작조차 할 수 없었다. 호세 아르카디오 부엔디아가 간신히 프루덴시오 아기라르라는 것을 알았을 때, 죽은 자도 나이를 먹는다는 사실에 놀라면서 외쳤다.

"아니, 프루덴시오가 아닌가! 이렇게 먼 데까지 잘도 찾아왔군 그래!"

세월이 흐름에 따라 살아 있는 자에 대한 그리움이 더해지고, 친구를 찾고자 하는 마음도 강해졌으며, 죽음 속에 존재하는 또 다른 죽음에 대한 공포로 인해 프루덴시오 아기라르는 적이었던 남자에게 애정을 품게 되었던 것이다. 호세 아르카디오 부엔디아는 새벽까지 프루덴시오 아기라르와 얘기를 나누었다. 두세 시간 뒤에 그는 아우렐리아노의 작업실에 들어가 이렇게 물었다.

"오늘이 무슨 요일이냐?"

아우렐리아노가 화요일이라고 대답하자, 호세 아르카디오 부엔디아가 이렇게 말했다.

"나도 그렇게 생각하고 있단다. 그런데 갑자기 깨닫게 되었어. 오늘도 어제와 마찬가지로 월요일이란 걸 말이야. 저 베고니아 꽃을 보렴. 오늘도 역시 월요일이야."

아우렐리아노는 아버지의 기이한 행동에 이골이 나 있었기 때문에 그냥 모른 체하였다. 다음 날인 수요일에도 부엔디아는 작업실에 와서 말했다.

"큰일이야. 하늘을 좀 보렴. 어제와 그 전날과 조금도 달라진 게 없지 않니? 오늘도 역시 월요일이란 말이야."

이날 밤, 복도를 걷고 있던 피에트로 크레스피는 프루덴시오 아기라르와 멜키아데스, 레베카의 부모, 자기 부모 등 저승에서 살고 있는 죽은 자들을 사모하며 꾀죄죄한 얼굴로 앉아 울고 있는 호세 아르카디오 부엔디아를 만났다.

금요일 아침, 호세 아르카디오 부엔디아는 아직 아무도 일어나기 전에 다시 자연의 모습을 찬찬히 살피며, 그 날이 여전히 월요일이라고 확신하고 있었다. 그는 문 빗장을 잡고 알아들을 수 없는 이상한 말을 중얼거리며 연금술 기구와 사진기계, 금세공 작업실을 요란하게 박살냈다. 집 안의 다른 곳까지 박살내려고 하자 아우렐리아노는 이웃 사람들에게 도움을 요청했다. 그를 덮쳐 누르는 데 열 명, 새끼줄로 묶는 데 열네 명, 안뜰의 밤나무까지 끌고 가는 데 스무 명의 힘이 필요했다.

기묘한 말을 내뱉으며 입에서 파란 거품을 뿜어 내고 있던 그는 우르술라와 아마란타가 집으로 돌아올 때까지 여전히 밤나무에 묶여 비바람을 맞고 있었다.

호세 아르카디오 부엔디아는 아마란타와 우르술라를 보고도 누구인지 알지 못하는 듯 뜻도 알 수 없는 말만 중얼거렸다. 우르술라는 손목과 발목의 새끼줄을 풀어 주고 허리만 묶어 두도록 했다. 얼마 후 햇살과 비로부터 남편을 보호하기 위해 오두막을 세웠다.

6

3월의 어느 일요일, 아우렐리아노 부엔디아와 레메디오스 모스코테는 니카노르 레이나 신부의 주례로 결혼식을 올렸다. 레메디오스는 아우렐리아노가 반지를 떨어뜨렸을 때에도 자연스럽고 침착한 모습을 보여 주었다.

이 날부터 그녀는 아무리 힘이 들더라도 강한 책임감, 시늉만이 아닌 애교, 차분한 자제심 등을 보여 주었다. 누가 가르쳐 준 것도 아닌데, 웨딩 케이크의 가장 좋은 부분을 접시에 담아 시아버지에게 가져다 주었다. 비바람을 맞은 거구의 노인은 오두막 그늘에서 목재 걸상 위에 쭈그리고 앉아 있었다. 그러고는 미소를 띠고 알 수 없는 말을 중얼거리면서 손가락으로 케이크를 집어 먹었다.

모스코테 시장이 딸의 결혼식을 위해 늪지 건너편에서 불러온 니카노르 레이나 신부는 호인다운 인상이었다. 그는 결혼식이 끝나는 대로 자기 교회로 돌아갈 생각이었으나, 마콘도 사람들의 영혼의 황폐함을 보고 이들을 위해 기적을 베풀어 줄 생각을 했다. 그러나 아무도 신부의 말에 귀를 기울이지 않았다. 신부는 이 신앙심 없는 도시에 세계 최대의 교회를 세울 계획을 세웠다.

그는 광장에 제단을 마련하고, 일요일에는 방울을 흔들고 다니며 옥외 미사에 참여하도록 호소했다. 이렇게 하여 일요일 아침 8시, 마을 사람의 절반 정도가 광장에 모였다.

신부는 하나님의 무한하신 능력을 보이겠다며 양팔을 높이 들고 눈을 감았다. 그러자 신부의 몸이 바닥에서 12센티미터 정도 떠올랐다. 이 일로 인해 많은 헌금이 걷혔고, 한 달이 채 되지 않아 교회 건설에 착수할 수 있었다.

그러나 호세 아르카디오 부엔디아는 니카노르 신부의 몸이 지면에서 떠올랐을 때, 걸상 위에서 허리를 뻗치고 어깨를 움츠리며 알아들을 수 없는 말을 중얼거렸다. 그 말은 라틴 어로 다음과 같은 뜻이었다.

"저건 아주 쉬운 일이지. 저 사내는 그저 물질의 제4형태를 발견했을 뿐이야."

"천만에! 이것은 하나님의 존재를 증명한 거요."

신부가 반박했다. 사람들은 이로써 호세 아르카디오 부엔디아가 말했던 알 수 없는 말이 라틴 어라는 사실을 알게 되었다. 신부는 부엔디아와 의사소통을 할 수 있는 사람이 자기뿐이라는 사실을 이용하여, 그 돌아 버린 머리에 신앙을 심어 주려 했다. 그러나 그가 너무나 완고했기 때문에, 신부는 다음부터는 그저 동정심으로 그를 방문했다.

그런데 이번에는 호세 아르카디오 부엔디아가 주도권을 장악하고, 여러 가지 되지도 않는 이치들을 늘어놓아 신부의 신앙을 무너뜨리려 했다. 만날 때마다 호세 아르카디오 부엔디아의 정신에 감탄한 신부는, 어떻게 해서 밤나무에 묶여 있는지를 물었다. 그러자 호세 아르카디오 부엔디아는 이렇게 대답했다.

"아주 간단하지. 내가 미쳤기 때문이야."

신부는 이 말을 듣고 자기의 신앙심이 염려가 되어 두 번 다시는 그를 찾으려고 하지 않았다. 그리고 교회 공사에 전력했다.

레베카는 교회 공사의 진행에 자신의 미래를 걸어 보기로 결심했다. 그것을 알고 있는 아마란타는,

"레베카가 제일 행복한 사람이야. 교회가 세워지면 언니도 곧 결혼하게 될 테니까."

하고 말했다. 교회가 완공되려면 아직도 몇 년은 족히 걸릴 것이었기에,

이 때부터 레베카는 아마란타와 말을 하지 않게 되었다. 아마란타가 순진함을 위장하고 있으나 뭔가 사심이 있다고 생각했기 때문이다. 그리고 그날 밤, 격렬한 말다툼 끝에 아마란타가 말했다.

　"어쨌든 교회가 세워지려면 최소한 3년은 있어야 하니까, 앞으로 3년 동안은 언니를 죽이지 않아도 되겠어!"

　레베카는 아마란타의 도전에 응하기로 했다. 피에트로 크레스피는 결혼이 연기될 것을 알고 완전히 실망했으나, 레베카는 그에 대한 변치 않는 사랑을 증명이라도 하듯

　"당신만 좋다면 같이 도망가요."

하고 말했다. 그러나 피에트로 크레스피는 충동적이지 않았고, 약속을 손을 대서는 안 될 황금처럼 소중히 여기는 사람이었다. 그들의 사랑이 3개월을 넘어서고, 매일 보러 가는 교회 공사가 조금도 진척이 없어 보이자 피에트로 크레스피는 신부에게 공사 비용을 대 줄 결심을 했다.

　교회의 완공이 두 달 앞으로 다가왔을 때, 아마란타는 레베카가 입을 옷이 들어 있는 옷장의 나프탈렌을 꺼내 버렸다. 그로 인해 레베카의 옷에는 좀이 슬고 말았다.

　레베카는, 좀이 슨 의상을 보고는 다시 새 옷을 만들기 시작했다. 그래서 암파로가 마지막 가봉을 위해 옷을 들고 집에 왔을 때 아마란타는 기절할 뻔했다. 소리조차 낼 수 없었고, 한줄기 식은땀이 등을 타고 흘러내렸다. 그러나 그녀는 놀랄 만큼 침착한 모습으로, 새로운 계획을 짜고 있었다. 결혼식 전날인 금요일, 커피에 아편즙을 섞을 계획을 세운 것이다.

　그러나 예상 밖의 일로 결혼식은 다시 무기한 연기되었다. 결혼식 일주일 전, 어린 레메디오스가 심한 구역질과 함께 뜨거운 물이 치밀어 올라 잠에서 깨어났고, 삼 일 후, 배 안에 쌍둥이를 간직한 채 임신 중

독으로 사망한 것이다. 아마란타는 레베카를 미워하는 마음 때문에 레메디오스가 죽은 것 같아 양심의 가책으로 고통을 받았다.

레메디오스는 이 집에 밝은 분위기를 가져다 주었었다. 아침부터 노래를 불렀고, 레베카와 아마란타가 싸우는 틈바구니에 끼어들어 싸움을 말렸다. 또한 호세 아르카디오 부엔디아의 뒷바라지도 했다. 식사를 나르고 매일 몸을 씻어 주었으며, 머리나 수염에 낀 이나 서캐를 없애 주었다. 죽기 전 몇 달 동안은, 서툴기는 했지만 라틴 어로 시아버지와 대화를 나누기도 했다.

아우렐리아노와 피라르 테르네라의 아이가 태어나자, 집안 식구끼리만 모여 축하하는 자리에서 아우렐리아노 호세라는 이름을 지었다. 레메디오스는 그 갓난아기를 자기 장남으로 키우겠다고 말해서, 우르술라마저 감동하게 했다. 레메디오스가 아이를 낳게 된다는 소식이 전해졌을 때는, 레베카와 아마란타까지 휴전하고 태어날 아기를 위해 뜨개질을 했었다.

아우렐리아노 호세의 뒷바라지는 아마란타가 하기로 했다. 그녀는 고독을 나누는 상대로, 무엇보다 양심을 짓누르는 죄책감에서 벗어나기 위해 아기를 맡았던 것이다. 결혼이 연기된 레베카는 완전히 기가 꺾여 다시 흙을 입에 넣게 되었다.

초상이 오래 계속 되자, 자수 모임이 재개되었다. 더위로 사방이 물을 끼얹은 듯 조용한 오후 두 시쯤, 별안간 누군가가 문을 열고 들어섰다. 아마란타와 친구들은 한순간 몸이 마비된 듯 바늘을 움직이던 손을 멈췄다. 우르술라도 멍청하게 서 있다가 들어선 사람을 찬찬히 살펴보더니, 그의 목을 끌어안고 울음을 터뜨렸다. 바로 집을 나간 장남 호세 아르카디오였던 것이다.

그는 이 고장을 떠날 때와 마찬가지로 무일푼이었다. 그는 3일 동안 내리 잠만 자다가 열여섯 개의 생달걀을 먹고는 집을 나섰다. 온몸에 문신을 새기고 괴력을 자랑하는 그는, 아무리 해도 가족들과 어울릴 수가 없었다. 낮에는 꾸벅꾸벅 졸다가 밤이 되면 술집에 찾아들어 시간을 보냈다. 이따금 우르술라의 성화에 못이겨 식탁에 앉았는데 이럴 때 그의 모습은 참으로 매력적이었다. 특히 먼 나라를 모험한 이야기를 할 때는 더욱 매력적으로 보였다.

그는 일본 해안에서 조난당해 이 주 동안이나 표류했고, 일사병으로 쓰러진 동료의 시체를 먹으며 굶주림을 달랬다. 또 카리브 해에서는 벌레 때문에 돛대가 못쓰게 된 유령선을 만나기도 했다.

우르술라는 호세 아르카디오가 무용담이나 모험담을 써 보냈는데, 한 번도 도착하지 못했던 그 편지를 지금 읽고 있는 것처럼 눈물을 줄줄 흘렸다. 그러나 마음속으로는 점심을 새끼돼지의 절반이나 먹고, 오줌을 갈겨 꽃을 죽이는 이 거구의 사나이가 전에 집시에게 끌려간 아들이라는 사실이 믿어지지 않았다.

다른 식구들도 마찬가지였다. 아마란타는 식탁에서 하는 그의 품위 없는 하품에 혐오감을 감출 수가 없었다. 출생의 비밀을 알지 못하는 아르카디오는 애정 어린 그의 질문에 제대로 대꾸조차 하지 않았다. 아우렐리아노는 어린 시절 비밀을 나누던 그 때의 모습을 되살려 보려 무던히 노력해 보았지만, 호세 아르카디오는 옛날 일 같은 건 기억하고 있지 않았다. 다만 레베카만이 첫눈에 반해 그의 포로가 되어 있었다.

어느 날 오후, 모두 낮잠을 자기 시작할 무렵, 레베카는 호세 아르카디오의 침실로 발을 옮겼다. 그는 아직 잠이 들지는 않았으나 속옷 차림으로 그물 침대에 누워 있었다. 그의 벗은 몸에 놀란 레베카는 곧바로 뒤돌아서려고 했다.

"미안해요. 당신이 있으리라고는 생각 못했어요."

"괜찮아. 이리 와. 당신 정말 예쁘군."

그리고 3일 후, 두 사람은 결혼식을 올렸다. 결혼식 전날, 호세 아르카디오는 피에트로 크레스피를 찾아가 레베카와 결혼하기로 한 사실을 알렸다. 피에트로 크레스피는 창백해진 얼굴로 말했다.

"레베카는 자네 여동생이 아닌가?"

"상관 없어."

피에트로 크레스피는 손수건으로 이마의 땀을 닦으며 타이르듯이 말했다.

"자연의 법도에 어긋나는 일이야. 게다가 법률도 금하고 있어."

"자연의 법도 따윈 상관 없어. 꼭 장가를 가겠다면야 자네한테는 아마란타가 있잖나?"

일요일 설교에서 니카노르 신부의 입을 통해 호세 아르카디오와 레베카가 오누이 사이가 아니란 사실이 밝혀졌다. 우르술라는 절대로 두 사람을 용서하려고 하지 않았다. 교회에서 돌아온 신혼의 두 사람에게 다시는 이 집에 발을 들여놓지 말라고 했다.

아마란타는 꿈에도 그리던 행복이 눈앞에 와 있는데도, 레베카에 대한 원망을 버리지 못했다. 실의에서 벗어난 피에트로 크레스피는 우르술라 집안 사람들에 대한 경의의 표시로, 화요일마다 들러 점심 식사를 나누며, 포르투갈 정어리, 터키의 장미 마멀레이드, 때로는 마닐라에서 가지고 온 선물을 들고 왔다. 아마란타도 그를 다정하게 맞았다. 점심 식사 후 아마란타가 복도에서 자수를 시작하면 그는 그녀 곁에 앉았다. 피에트로 크레스피는 지금껏 어린아이라고 생각해 왔던 아마란타가 애교는 좀 부족하지만, 눈치가 빠르고 부드러운 마음씨를 갖고 있음을 알게 되었다.

어느 화요일, 피에트로 크레스피는 아마란타에게 청혼을 했다. 하지

만 우르술라는 조금 망설이고 있었다. 그가 훌륭한 남자라는 생각은 들었지만, 레베카와의 오랜 약혼 소문이 자자했기 때문에 도덕적으로 옳은지 갈피를 잡을 수가 없었던 것이다. 그러나 누구나 그런 생각을 하는 사람은 없었다. 다만, 아우렐리아노가 단호한 어조로,

"결혼이라니! 지금 그런 한가한 생각을 하고 있을 때가 아니에요."

하고 말해 혼란을 줄 뿐이었다.

몇 달이 지난 후에야 우르술라도 그의 말이 무슨 의미인지 이해했다. 아우렐리아노는 전쟁에 대한 관심으로 다른 것은 생각하지도 않았던 것이다.

레메디오스가 죽고 난 후 아우렐리아노는 다시 작업에 몰두하며, 가끔 장인을 상대로 도미노 게임을 했다. 선거가 임박한 어느 날, 국내 정세를 염려하여 자주 집을 비우던 장인 돈 아폴리나르 모스코테는 자유주의자들이 드디어 전쟁을 시작할 모양이라는 얘기를 했다. 당시 아우렐리아노는 보수파와 자유파를 제대로 구분할 수 없었기 때문에 장인이 대략 설명해 주었다.

장인의 얘기에 따르면, 자유파는 비밀결사 프리메이슨 회원으로 신부들을 교수형에 처하고, 이혼제도를 도입하고 서자와 적자에게도 동일한 권리를 인정하며, 중앙정부의 권리를 박탈해 연방제를 주장하는 불한당 모임이었다. 아우렐리아노는 인간적인 감정으로 서자의 권리에 대한 자유로운 태도에 호감을 가졌으나, 전쟁이라는 극단적인 수단을 택하는 것은 이해할 수가 없었다. 또 장인이 선거에 대비해 선거 열기가 끓고 있지도 않은 이 도시에, 총으로 무장한 군인 여섯 명을 파견한 것도 지나친 행동이라고 생각했다.

군인들은 시에 도착하자 사냥 도구와 낫, 부엌칼까지 몰수하고, 보수당 후보자의 이름이 씌어진 파란 투표용지와 자유당 후보의 이름이 씌

어진 빨간 투표용지를 스물한 살 이상의 남자에게 배포했다.

선거는 순조롭게 진행되었다. 빨간표와 파란표가 거의 비슷했다. 그런데 특무상사는 빨간표 열 장을 빼고 파란표를 그만큼 채워 넣었다. 그 후 투표함을 새 종이로 봉인하고, 이튿날 이른 새벽 그것을 주청으로 수송했다.

아우렐리아노가 장인에게 말했다.

"내가 자유주의자였다면 이 투표용지 건만으로도 전쟁을 시작하겠어요."

"바보 같은 소리! 만약 자네가 자유파였다면 아무리 자네가 내 사위라도 내가 투표용지를 바꿔치기하는 걸 보여 주었겠나?"

장인은 그 사실을 절대 누설해서는 안 된다고 당부하며, 자유주의자가 전쟁을 음모한 증거로 모든 쇠붙이를 이미 외부에 운반했다는 사실을 알려 주었다. 이 어처구니없는 말에 그는 경악했다.

아우렐리아노의 친구들 대부분은 보수 체제의 타파에 몰두해 있었으나, 그와 시장의 관계뿐 아니라 고독하고 도피적인 그의 성격을 알고 있었기에 그를 자유파에 끌어들이지는 않았다. 그들은 그가 장인의 지시대로 파란표에 투표한 것도 알고 있었다. 그러나 친구들이 아우렐리아노에게 어느 편인지를 물었을 때 그는 이렇게 대답했다.

"어느 편을 골라잡겠느냐고 묻는다면 자유파지. 보수파 놈들은 사기꾼이니까."

친구들은 이 말을 듣고 그를 알라리오 노게라에게 소개했다. 연방주의자의 최초 반란에서 체포되고 가짜 약과 가짜 졸업장을 만들어 의사 행세를 하면서, 정치적 지식이 부족한 마을 사람들을 남몰래 선동하고 돌아다니는 사람이었다.

노게라는 보수파 녀석을 말살하는 것이 왜 애국적인 의무인지를 짧게 설명했다. 마콘도를 건설한 사람들의 자식들은 거의 한 패거리였지만, 누구 하나 자기네가 음모한 행동이 구체적으로 어떤 일인지 아는 사람은 없었다.

그러나 노게라에게 비밀을 들은 아우렐리아노는 음모의 대략을 알게 되었다. 보수 정권 타도의 필요성을 통감하게 되었다고는 하나, 그 계획을 듣자 겁이 났다. 노게라는 개인 테러의 신봉자였고, 개인 테러를 통해 보수주의자의 싹을 없앤다는 것이었다. 거기에는 자신의 장인과 여섯 딸도 포함되어 있었다.

"누설하지는 않겠어. 하지만 장인 가족을 학살하려 한다면, 내가 그 문 앞을 지킬 거야."

아우렐리아노의 결의를 알자 노게라의 계획은 무한정 연기되었다. 우르술라가 피에트로 크레스피와 아마란타의 결혼에 대한 의견을 물었던 때가 바로 이 무렵이었기에, 그는 한가한 생각을 할 때가 아니라는 식으로 대답했던 것이다.

드디어 12월 초순, 전쟁이 터졌다는 소식이 들렸다. 전쟁은 이미 3개월 전에 시작되어 전국에 계엄령이 선포되어 있었다. 돈 아폴리나르 모스코테는 이 사실을 처음부터 알고 있었으나, 마을에 점령군이 도착하기 전까지는 아내에게조차 그 사실을 알려 주지 않았다.

이제 오후 여섯 시 이후의 외출은 금지되었고, 집 안의 무기가 될 만한 모든 것이 압수되었다. 노게라는 광장의 나무에 결박된 채 재판도 없이 총살되었다. 니카노르 신부는 군인들의 총 개머리판에 머리를 맞았다가 간신히 살아났다. 자유주의에 대한 열광은 사라지고, 공포의 침묵이 감돌았다.

아우렐리아노는 창백한 얼굴로 여전히 장인과 도미노 놀이를 했다. 그러나 점령된 지 2주일이 지난 일요일, 아우렐리아노는 친구의 집을 찾아가 모두에게 싸우러 나갈 준비를 시켰다. 그리고 화요일 한밤중에 식탁의 나이프와 날을 세운 쇠붙이로 무장한 아우렐리아노에게 인솔된 서른 살 미만의 스물한 명의 사나이들은 아무 작전도 없이 경비대를 기습하여 무기를 탈취해 대위와 네 명의 군인을 총살했다.

총살대의 총성이 들리는 속에서 아르카디오가 시장 겸 사령관으로 임명되었다. 가정을 가진 반란군 병사들은 황급히 처자에게 작별 인사를 하고 뒷일을 부탁한 다음 출발했다. 아우렐리아노는 이제 아우렐리아노 부엔디아 대령이 되었다.

7

아우렐리아노 부엔디아 대령은 32회나 반란을 일으켰는데, 매번 패하였다. 또 14번의 암살과 73회의 복병 공격, 1회의 총살형의 재난 속에서도 빠져 나왔다. 그는 말 한 마리를 충분히 죽일 수 있는 독이 든 커피를 마셨는데도 죽지 않았고, 대통령이 수여한 훈장도 거절하였다. 전후에 지급될 종신 연금도 거절하고, 마콘도의 작업장에서 만든 물고기 금세공을 팔아 노후를 보냈다.

이런 엄청난 생애를 보내고 남은 것은 단 하나였다. 그건 바로 대령의 이름이 붙은 마콘도의 거리뿐이었다. 그러나 늙어서 죽기 2, 3년 전, 그는 스물한 명의 부하를 인솔해 마을을 떠날 때부터 기대한 것은 아무것도 없었다고 고백했다.

시장 겸 사령관으로 임명된 아르카디오는 지휘를 맡은 날부터 포고문을 내리는 것을 좋아했다. 성년 남자에게는 강제로 빨간 완장을 두르게 했고, 말을 듣지 않으면 총살시키겠다고 위협했으며, 니카노르 신부에게는 자유파의 승리를 축하하는 행사 이외의 미사는 금지시켰다. 그는 사람들이 군대를 얕잡아 보지 못하도록 허수아비를 표적 삼아 학생들에게 사격 훈련을 시켰다. 처음에는 모두들 학생들이 그저 어른 흉내를 내며 즐기고 있는 거라고 생각했다.

그러던 어느 날, 아르카디오가 카타리노의 가게에 들어섰을 때, 악단의 트럼펫 주자가 팡파르로 그를 맞이하자 손님들이 모두 '와아' 하며 웃은 적이 있었다. 아르카디오는 자기를 모욕했다는 이유로 트럼펫 주자를 총살했고 이에 항의하는 사람들은 학교 교실에 가둬 두고 빵과 물만 주었다.

"이 살인자! 아우렐리아노가 이 일을 알면, 틀림없이 너를 총살할 거야. 그러면 내가 제일 기뻐할 거다."

우르술라는 아르카디오가 제멋대로 일을 저지를 때마다 악을 쓰며 야단쳤지만 무슨 말을 해도 소용이 없었다. 한번은 돈 아폴리나르 모스코테가 이렇게 말한 적이 있었다.

"세상이 바뀌면 고통을 받을 놈은 저 녀석들이야!"

이 말이 아르카디오의 귀에 들어가자, 그는 모스코테를 연행했다. 우르술라는 너무 수치스러운 나머지 회초리를 휘두르며 부대로 뛰어들어 갔다. 그리고 아르카디오가 미처 행동을 취하기도 전에 회초리를 내리쳤다.

"이 살인마! 형편없는 자식! 죽이려거든 나를 죽여라, 이놈아!"

사정없이 매질을 하며 안뜰까지 쫓아가자 아르카디오는 달팽이처럼 몸을 구부리고 앉았고, 총살대 소년들은 뿔뿔이 도망쳤다.

이 때부터 우르술라가 이 고장의 지배자가 되었다. 그녀는 일요일 미사를 다시 올리게 했고, 빨간 완장의 착용을 중지시켰으며 까다로운 포고문을 폐지했다.

그녀는 여장부처럼 보였으나 불운한 자신의 신세를 한탄했다. 견딜

수 없을 정도로 슬픔이 밀려오면, 밤나무 그늘에 버려진 남편을 찾아갔다. 정신이 이상해질 무렵에는, 서툴지만 라틴 어로 필요한 용건을 전하기도 했던 남편이었지만, 이제는 우르술라가 하소연을 해도 전혀 반응을 보이지 않았다. 다만, 우르술라는 자신이 나쁜 소식을 전하면 남편의 얼굴에 슬픈 빛이 도는 것을 알고는 거짓말을 하기로 했다.

"호세 아르카디오가 레베카와 결혼했어요. 아주 행복하게 살고 있답니다. 또 아르카디오는 착실하고 용감한 군인이에요. 진짜 반할 정도로 멋있죠."

남편은 아주 얌전하고 무슨 일에도 관심을 보이지 않았기에 우르술라는 새끼줄을 풀어 주기로 했다. 그런데 그는 새끼줄을 풀어 주어도 여전히 비바람에 얼굴을 내맡기고 그 자리에 있었다. 긴 겨울이 시작되려는 8월 중순, 우르술라는 남편에게 거짓말이 아닌 좋은 소식을 전할 수 있었다.

"아마란타와 그 자동 피아노의 이탈리아 청년이 곧 결혼할 거예요."

사실, 아마란타와 피에트로 크레스피는 이미 약혼을 한 상태였다. 피에트로 크레스피는 행복했기 때문에 일에도 더 열심이었고, 우르술라가 일요일 미사를 재개했을 때는 독일제 피아노를 교회에 기증했다. 또 어린이들을 모아 성가대를 만들어 니카노르 신부의 미사에 화려함을 더했다.

누구나 아마란타는 행복한 아내가 될 것이라고 생각했다. 두 사람은 이제 결혼식 날짜만 잡으면 됐다. 그저 레메디오스의 죽음을 슬퍼하는 복상, 전쟁의 고통이나 아우렐리아노의 부재, 아르카디오의 난폭한 행동이나 호세 아르카디오와 레베카의 추방 등으로 인해 결혼이 지연되고 있을 뿐이었다.

아마란타는 레베카와는 달리 전혀 서두르지 않았다. 오히려 피에트로 크레스피가 더 이상 못 기다리겠다고 투덜댔다. 결국 지루한 장마가 시작된 8월, 그는 뜨개질을 하고 있던 그녀의 손을 잡고 청혼을 했다. 그러나 그녀는 날센 짐승처럼 손을 빼내며 다시 자수를 시작했다.

"바보 같은 생각 말아요, 크레스피. 난 죽어도 당신과 결혼하지 않아요. 시간 낭비하지 마세요. 날 진짜 사랑한다면 다시는 이 집에 오지 마세요."

미소까지 지으며 초연하게 말하는 아마란타의 대답을 듣고 우르술라는 부끄러워 미칠 지경이었고, 피에트로 크레스피는 절망했다. 그는 체면도 아랑곳하지 않고 눈물로 호소했으나 아마란타의 마음은 움직이지 않았다.

피에트로 크레스피는 사업 따위는 잊어버렸다. 온종일 가게 안쪽에 틀어박혀 뜯지도 않고 되돌려보낼 거라는 것을 뻔히 알면서도 편지를 쓰고, 꽃이나 박제된 나비를 곁들여 아마란타에게 보냈다.

11월 2일 만령절, 피에트로 크레스피는 면도날로 손목을 자르고 자살했다. 우르술라는 모든 사람들이 모인 가운데 성대한 장례식을 치르고 그를 묻어 주었다. 아마란타는 침실에서 한 걸음도 밖으로 나오지 않았다. 침대에 앉아서 우르술라의 울음소리, 집을 드나드는 사람들의 발자국 소리와 말소리, 아낙네들의 울먹이는 소리 등에 귀를 기울이고 있었다. 한동안 저녁만 되면 그녀는 크레스피가 생각났지만 필사적으로 아픔을 견뎌 냈다.

우르술라는 그녀를 포기했다. 어느 날 오후, 아마란타가 아궁이 불에 한손을 넣고 지글지글 살을 태우고 있을 때에도 우르술라는 연민의 눈길조차 주지 않았다.

아르카디오는 희한하게도 너그러운 처분을 내려 크레스피의 장례를 시민장으로 하겠다고 했다. 우르술라는 이것을 보고 아르카디오가 이제야 제정신으로 돌아왔다고 생각했으나, 그것은 오해였다.

아르카디오는 불면증이 유행하던 무렵이나 우르술라가 돈벌이에 열중하고 있을 때, 또 호세 아르카디오 부엔디아가 미치기 시작한 무렵이나 아우렐리아노가 자기 세계에 몰두해 있던 시기, 아마란타와 레베카 사이에 사나운 적의가 불타고 있던 나날들을 고독과 두려움 속에서 살았었다. 아우렐리아노는 그에게 읽고 쓰기를 가르치긴 했으나, 아무 관계도 없는 사람처럼 대했다.

진정으로 그에게 마음을 써 준 사람은 멜키아데스뿐이었다. 그래서 멜키아데스가 죽었을 때 그가 마음속으로 얼마나 울었는지, 멜키아데스를 소생시키려고 얼마나 애를 썼는지 모른다. 그래서 자신의 말을 따르고 존중하는 학교와 단호한 포고문을 내리는 것과 눈부신 군복으로 상징되는 권력만이 비참한 생각에서 그를 구해 주었던 것이다.

아르카디오는 출생의 비밀을 전혀 모르고 있었다. 피라르 테르네라가 자신의 생모라는 사실도 알지 못했다. 전쟁이 시작되기 조금 전, 그는 피라르 테르네라가 지나가는 길목에서 그녀를 기다리고 있었다. 그리고 그녀가 그 곳을 지날 때, 아버지에게 물려받은 괴력으로 그녀의 허리를 끌어안았다.

"고상한 척 하지마. 모두 다 알고 있다고. 당신이 아무하고나 같이 잔다는 걸."

피라르는 자신의 비참한 운명에 짐짓 싫증이 났으나 꾹 참고 작은 소리로 소곤거렸다.

"이러다간 아이들한테 들켜요. 이따 밤에 갈게요."

이날 밤 아르카디오는 그물 침대에 누워 병에 걸린 것처럼 덜덜 떨며 그녀를 기다렸다. 그러나 그 날 찾아온 여자는 산타 소피아 데 라 피에다라는 식료품 가게의 딸이었다. 피라르가 전 재산의 절반에 상당하는

50페소를 그녀에게 주며, 자기 대신 가 달라고 부탁했던 것이다.

그 날부터 아르카디오는 새끼고양이처럼 몸을 웅크리고 산타 소피아의 품 속으로 파고들었다. 아르카디오가 시장 겸 사령관으로 임명되었을 때, 그들 사이에 한 여자 아이가 태어났다. 친척 가운데 이 사실을 알고 있는 사람은, 당시 같은 죄의식으로 아르카디오와 가까이 지내고 있던 호세 아르카디오와 레베카 두 사람뿐이었다.

아르카디오가 마을을 지배하면서부터 그는 자기 집을 짓고 공금을 유용했다. 어느 일요일 미사를 마친 후, 우르술라는 새로 지은 집에서 부하들과 노름을 하고 있는 아르카디오에게 여섯 달 된 딸이 있다는 사실을 알았다. 그리고 결혼을 하지 않고 동거하고 있는 산타 소피아 데 라 피에다가 두 번째 임신을 했다는 사실을 알게 되었다.

2월 말쯤, 백발이 성성한 한 노파가 빗자루를 실은 당나귀 등에 걸터앉아 마콘도에 왔다. 경비를 맡고 있던 순찰대는 마을에 흔히 오는 장사꾼쯤으로 여기고, 아무 검문 없이 시내로 들여보냈다. 노파는 곧바로 부대로 향했다. 소총이나 엽총이 이리저리 흩어져 있는 방에서 아르카디오는 그 노파를 맞이했다.

"나는 그레고리오 스텐벤슨 대령이오."

노파는 군대식으로 부동자세를 취하더니 신분을 밝혔다. 그의 얘기에 따르면, 얼마 남지 않은 자유파의 근거지가 잇따라 괴멸되고 있었다. 또 그가 떠나올 때 리오아챠 방면에서 철수 작전 중이었던 아우렐리아노 부엔디아 대령이 그에게 아르카디오와 연락할 사명을 부여했다고 했다. 자유파 사람들의 생명, 재산을 절대로 보장한다는 조건으로 저항하지 말고 진지를 내주라는 명령이었다.

밀사는 신분을 증명하기 위해 군의 기밀까지 누설했다. 아우렐리아노 부엔디아 대령은 이 계획의 성공을 믿기 때문에, 무익한 희생을 내지 않으려고 한다는 것이었다.

그러나 아르카디오는 상대방의 말을 들으려고 하지도 않고, 신분을 확인할 동안 밀사를 감금시키는 동시에 진지를 사수할 각오를 하고 있었다. 한 사람 앞에 겨우 스무 발 정도의 탄환밖에 남아 있지 않은 부하 오십 명 정도가 있을 뿐이었기 때문에 아르카디오의 저항 의지는 거의 광기와도 같았다.

군화 소리, 이치에 맞지 않는 명령, 대지를 뒤흔드는 포성, 당황한 총성, 불길한 나팔 소리 등이 서로 뒤섞인 가운데, 스텐벤슨 대령은 가까스로 아르카디오와 대화를 나눌 기회를 얻었다.

"이런 차림으로 족쇄에 묶인 채 죽고 싶지 않소. 어차피 죽을 바엔 차라리 싸우면서 죽고 싶단 말이오."

이 말은 효과가 있어 아르카디오는 소총과 20발의 탄환을 그에게 지급하고, 다섯 명의 부하를 주어 병영의 수비를 맡도록 했다. 그리고 자신은 부하들을 인솔해 최전선으로 향했다. 그러나 벌써 바리케이드가 돌파되어 경비군들은 몸을 숨길 수조차 없는 신작로 한가운데에 서 있었다. 이제 패배는 시간 문제였다. 몽둥이나 식칼을 들고 거리로 뛰쳐나온 여인까지 있었지만, 삼십 분이 채 못 되어 전투는 끝났다. 아르카디오의 부하는 한 사람도 살아 남지 못했다.

동쪽 하늘이 밝아올 무렵, 아르카디오는 약식의 군사 재판에 회부된 후 묘지 담벽 앞에서 처형되었다. 죽음을 맞이할 때까지의 두 시간 동안, 어쩐 일인지 어릴 때부터 그를 괴롭혀 오던 공포가 말끔히 씻겨 나갔다. 그는 밤나무 아래 있을 호세 아르카디오 부엔디아와 우르술라, 아직 이름도 지어 주지 않은 팔개월 된 딸, 또 팔월에 태어날 아이와 산타 소피아 데 라 피에다 등 가족에 대해 감정 없이 생각하며 냉정하게 자기의 일생을 돌이켜보았다. 그러면서 그는 비로소, 지금까지 미워해 온 사람들을 사실은 깊이 사랑하고 있다는 것을 깨달았다.

마지막으로 할 말이 없느냐는 물음에, 그는 잠시 입을 다물고 있다가 조용히 말했다.

"아내에게 딸의 이름은 할머니 이름을 따라 우르술라라고 지어 주라고 말해 주시오. 또 태어날 아이가 아들이면, 호세 아르카디오라고 이름 짓도록 전해 주시오."

쉴새없이 내리는 보슬비를 맞으며 처형장으로 향하는 도중에 아르카디오는 아침안개가 사라지듯 삶에 대한 미련이 사라지는 것을 느꼈다. 연기에 그을린 시커먼 총구가 자신을 겨냥했을 때, 그는 멜키아데스의 그칠 줄 모르는 한 마디 한 마디가 귓속에서 되살아났다. 또 시체가 된 레메디오스의 코에서 느꼈던 그 차갑고 딱딱한 느낌을 자신의 코에서도 느꼈다.

문득 그는 이런 생각이 떠올랐다.

'여자 아이가 태어나면 레메디오스라고 이름 지어 달라고 당부할 걸 그랬군.'

대위가 사격 명령을 내렸다. 어디서 새어 나오는지 타는 듯이 뜨거운 액체가 허벅다리를 따라 흘러내렸다. 그 순간 그는 외쳤다.

"자유파 만세!"

8

전투는 오월에 끝이 났다. 아우렐리아노 부엔디아 대령은 서쪽 국경을 눈앞에 두고서 적의 포로가 되어 있었다. 함께 싸운 스물한 명의 부하들 가운데 열네 명이 전사하고, 여섯 명이 부상당했다. 마지막 패배 때에 끝까지 함께 있었던 것은 헤리네르도 마르케스 대령 한 사람뿐이었다. 아우렐리아노 부엔디아 대령에게는 사형 선고가 내려졌고, 시민들에게 본보기로 보여 주기 위해 고향에서 사형 집행을 한다는 소문이 마콘도에 전해졌다.

어느 월요일 오전, 우르술라와 아마란타는 군중을 헤치며 달려가 아우렐리아노 부엔디아 대령의 모습을 보았다. 그의 모습은 거지와 다름이 없었다. 옷은 찢어지고 머리와 수염은 엉망이었으며, 게다가 맨발이었다. 역시 때가 묻고 남루한 옷을 입은 마르케스 대령이 그와 나란히 끌려오고 있었다.

해질 무렵, 우르술라는 병영으로 그를 찾아갔다. 사형선고를 받지 않은 마르케스 대령의 부모들도 면회를 시도했으나, 위협을 받으며 쫓겨나고 말았다. 그러나 우르술라의 끈질김에 사형수에게는 면회가 허락되지 않음에도 불구하고 특별히 15분간의 면회를 할 수 있었다.

아우렐리아노 부엔디아 대령은 피에트로 크레스피의 자살, 아르카디오의 전횡과 총살, 밤나무 아래의 호세 아르카디오 부엔디아의 태연자약한 태도 등 자기 집에서 일어난 일에 대해서 소상하게 알고 있었다. 처녀로 과부가 된 아마란타가 아우렐리아노 호세의 양육에 일생을 바칠 작정을 하고 있다는 것, 또 아이가 여간 영리하지 않다는 것, 말을 하면서부터 읽고 쓰기를 했다는 것 등도 다 알고 있었다.

우르술라는 그가 무슨 일이든 다 알고 있다는 사실에 놀랐다.

"내가 앞날을 점칠 수 있다는 건 어머니도 알고 있잖아요."

하고 그는 농담조로 말했다.

보초가 면회 시간이 끝났음을 알려 왔을 때 아우렐리아노는 침대 매트 밑에서 한 다발의 종이를 꺼냈다. 그가 쓴 시였다. 레메디오스를 그리워하며 쓴 것으로, 마을을 떠날 때 가지고 간 것과 그 후 전투 중에 쓴 것들이었다.

"이건 아무에게도 보이지 마세요. 그리고 저 때문에 남에게 부탁하거나 비겁한 일은 하지 마세요. 예전에 제가 이미 총살되었다고 생각하세요."

마지막으로 힘을 주어 냉정하게 말하는 아들을 보며, 우르술라는 입술을 깨물며 울음을 참았다. 그녀가 밖으로 나가고 문이 닫힐 때까지 아우렐리아노 부엔디아 대령은 그 자리에 서 있었다.

그는 사춘기를 맞이하면서 자기의 예언 능력을 깨달았다. 그리고 죽음이란 아주 확실한 어떤 조짐과 함께 찾아올 것이라고 생각하고 있었다. 그런데 죽음이 불과 몇 시간 앞으로 임박해 왔는데도 아무런 조짐이 보이지 않는 것이 이상했다.

예전에 어떤 아름다운 여자가 투크린카에 있는 그의 숙소를 찾아와 면회를 요청한 적이 있었다. 그는 서랍에 종이를 넣기 위해 처녀에게서 등을 돌리고 있었는데, 이 때 이상한 예감을 느꼈다. 그는 돌아보지도 않고 서랍에서 권총을 꺼내 들며,

"쏘지 마!"

하고 말했다. 뒤돌아보았을 때 그녀는 총구를 밑으로 하고 망연자실한 채 서 있었다. 그는 열한 번의 죽을 고비 중에서 네 번을 이렇게 대처했던 경험이 있었다.

그렇지만 이번에는 아무런 예감도 느낌도 없었다. 사형 선고를 받고 최후로 할 말이 없느냐고 물어 왔을 때, 그는 판결 집행은 마콘도에서 해 달라고 했다. 시간을 벌기 위해서가 아니라 마지막 유언으로 남기고 싶어서였다. 그런데 이 때부터 예감의 능력이 사라져 가고 있었다.

우르술라가 찾아온 그날 밤, 아우렐리아노 부엔디아 대령은 부은 임파선의 통증으로 괴로워하며 한잠도 자지 못했다. 공포나 미련은 느끼지 않았으나, 여러 가지 하다 만 일들을 처리하지 못하고 죽는다는 생

각에 공연히 화가 났다. 그런데 그는 금요일이 되어도 총살되지 않았다. 그 곳에 있는 군인은 차마 형을 집행할 용기가 나지 않았던 것이다. 민중의 반항을 경험했던 군인들은 아우렐리아노 부엔디아 대령의 총살로 마콘도뿐 아니라 주변 늪지대 일대에 중대한 정치적 결과를 초래한다는 생각에, 주 소재지 당국자에게 협의문을 보낸 상태였고 아직 답변을 받지 못했던 것이다.

일요일이 되자 시민들은, 장교들이 온갖 핑계를 대며 사형 집행의 책임자가 되는 것을 피한다는 사실을 알았다. 그러나 월요일 우편으로 정식명령서가 도착했는데 그 명령서에는 24시간 내에 대령을 처형하라고 씌어 있었다. 장교들은 이날 밤, 각자의 이름을 적은 종이 쪽지를 군모에 넣고 제비뽑기를 했다. 재수없게도 로케 카르니세로 대위가 집행을 맡게 되었다.

레베카는 아우렐리아노 부엔디아 대령이 총살된다는 사실을 안 날부터 새벽 3시에 일어나, 반쯤 열어 놓은 창문 너머로 묘지의 담벽을 살폈다. 일주일 내내 그렇게 하고 있었다. 호세 아르카디오가 이 곳에서 총살하지 않을 거라고 얘기해도, 그녀는 틀림없이 이 곳에서 총살할 거라고 확신하고 있었다.

화요일 아침, 호세 아르카디오가 커피를 마시고 있을 때, 레베카는 창문을 쾅 닫고 침대에 기대어 조그만 소리로 말했다.

"저기 와요, 저기. 정말 당당한 모습이네요."

창 밖을 보니 젊었을 때 자기가 입던 바지를 입고, 새벽녘의 찬 공기에 떨고 있는 동생 아우렐리아노의 모습이 보였다. 이미 담벽에 등을 지고 서 있던 그는 무언가 중얼거리고 있었다. 그러자 로케 카르니세로 대위는 그가 기도를 하는 줄로 착각하고 감동했다. 눈을 감은 아우렐리아노 대령의 눈에는, 반바지를 입고 칼라에 리본을 맨 아주 어렸을 때 자신의 모습이 떠올랐다. 얼음이 아른거렸다.

그 순간 외침 소리가 들려왔다. 등골이 오싹해지면서도 호기심으로 눈을 떴다. 그의 눈에는 양손을 높이 든 로케 카르니세로 대위와, 당장이라도 발사할 수 있도록 엽총을 겨누고 길을 가로질러 오는 호세 아르카디오의 모습이 보였다.

총살은 피하게 되었고 그 자리에서 새로운 전쟁이 시작되었다. 로케 카르니세로 대위와 여섯 명의 부하는, 리오아챠에서 사형이 선고된 혁명파 빅토리오 메디나 장군을 구하기 위해 아우렐리아노 부엔디아 대령과 함께 도망쳤다. 그러나 일행이 산등성이에서 리오아챠를 바라보았을 때는 이미 빅토리아 메디나 장군이 총살된 후였다.

3개월 뒤에는 그들을 따르는 천 명 이상의 부하가 모였으나, 그들 대부분은 곧바로 적에게 섬멸되었고 겨우 살아남은 자만 동부의 국경으로 도망칠 수 있었다. 16회의 패배를 맛본 뒤, 아우렐리아노 부엔디아 대령은 총으로 무장한 2천 명의 원주민을 인솔하고 구아히라를 출발하여, 한밤중에 경비대를 습격하고 리오아챠를 점령했다. 대령은 거기에 총사령부를 두고 정부에 대해 전면적인 전쟁을 선언하였다.

그런데 정부로부터 받은 최초의 통고는 군대를 인솔하고 동부의 국경까지 철수하지 않으면, 48시간 내에 헤르네르도 마르케스 대령을 총살에 처한다는 위협이었다. 그러자 아우렐리아노 부엔디아 대령은 만일 헤르네르도 마르케스 대령을 죽인다면, 포로로 잡힌 장교들을 장군들부터 시작해 차례로 사살하고, 이 전쟁이 끝날 때까지 그것을 계속하겠다고 통고했다. 삼개월 후 아우렐리아노 부엔디아 대령이 승리하여 마콘도에 돌아왔을 때, 그를 맨 먼저 포옹한 사람은 바로 헤르네르도 마르케스였다.

한편, 아우렐리아노의 집안에는 아이들로 넘쳐 있었다. 우르술라가

산타 소피아 데 라 피에다와 그녀의 맏딸과 아르카디오가 총살당한 지
다섯 달 뒤에 태어난 쌍둥이를 함께 맡아 기르고 있었기 때문이다. 고
인의 유언을 무시하고, 그녀는 여자 아이에게 우르술라 대신 레메디오
스라는 이름을 지어 주었다. 쌍둥이는 각각 호세 아르카디오 세군도, 아
우렐리아노 세군도라고 이름지었다.

이 아이들의 뒷바라지는 아마란타가 맡기로 했다. 그녀는 홀에 조그
만 나무 의자를 놓고, 이웃의 다른 아이들을 모아 유치원을 열었다. 아
우렐리아노 부엔디아 대령의 귀환 때에는 이 아이들에게 합창을 시켜
그의 무사 귀환을 축하하기도 했다.

그러나 좋은 일만 있었던 것은 아니었다. 아우렐리아노 부엔디아 대
령이 도망친 지 일 년 후쯤, 호세 아르카디오와 레베카는 아르카디오가
지은 집으로 이사했다. 대령의 총살을 방해한 것이 그들이었다는 사실
을 아는 사람은 아무도 없었다.

폭풍이 몰아치는 구월의 어느 날 오후, 호세 아르카디오는 평소보다
일찍 귀가했다. 그리고 그가 침실 문을 닫는 순간, 권총 소리가 온 집안
에 울렸다. 한 줄기의 피가 문 아래로 흘러나와 홀을 가로질러 거리까
지 넘쳐흘렀다. 그 피는 큰 곡선을 그리며 우르술라의 집까지 흘러들어
와 식당의 식탁을 피하여 베고니아 화분이 즐비하게 놓인 복도를 질러
갔다. 아우렐리아노 호세에게 산수를 가르치고 있던 아마란타의 의자
밑을 살짝 통과하여 광으로 숨어들어가, 우르술라가 빵을 만들기 위해
서른여섯 개의 달걀을 깨뜨리고 있는 부엌까지 흘러들어갔다.

"어머나!"

우르술라는 외치며 그 핏줄기의 근원지를 찾아 광을 가로질러 갔다.
베고니아 화분이 놓인 복도를 지나 식당과 홀을 지나 밖의 길로 곧장
나갔다. 그리고 광장으로 나와 지금까지 한 번도 발을 들여놓은 적이 없

는 집 대문을 지나 침실 문을 열자, 숨이 막힐 정도의 화약 냄새가 코를 찔렀고, 바닥에는 호세 아르카디오가 쓰러져 있었다.

시체가 밖으로 운반되자마자 레베카는 문을 닫고, 마치 생매장된 거나 다름없는 생활로 들어갔다. 살아 있는 그녀의 모습을 마지막으로 본자는 그 집에 침입해 들어가려다, 한 발에 사살된 도둑이었다. 마침내이웃 사람들은 레베카를 아예 잊어버리고 말았다.

한편, 승리를 하고 마콘도에 돌아온 아우렐리아노 부엔디아 대령은 5천 명 이상의 부하를 지휘하며 연안 지방의 두 주를 지배하고 있었다. 하지만 사실은 해안으로 쫓겨 온 것이나 다름없는 상태라는 것을 알고 있었다.

왠지 마음이 차분해지지 않는 어느 날 저녁에, 대령은 피라르 테르네라가 군인들을 상대로 안뜰에서 노래를 부르고 있는 것을 보고 트럼프

점을 쳐달라고 부탁했다.

"입 조심 하셔야겠어요."

트럼프를 세 번이나 흩었다가 다시 모은 후에 피라르 테르네라가 가르쳐 준 것은 다만 그 말뿐이었다. 그리고 이틀 뒤, 누군가가 병사에게 블랙 커피 한 잔을 건네주었다. 그 병사는 다른 병사에게, 또 이 병사는 또 다른 병사에게 손에서 손으로 전해져서 이윽고, 그 커피는 아우렐리아노 부엔디아 대령의 집무실까지 전달되었다. 대령은 커피를 부탁한 기억이 없었으나 눈앞에 있었기 때문에 무심코 그것을 마셔 버렸다. 그런데 그 안에는 말 한 필을 죽일 수도 있는 독이 들어 있었다.

집으로 옮겨졌을 때 대령의 온몸은 이미 활처럼 경직되어 있었고, 혀를 빼물고 있었다. 그러나 우르술라가 그를 죽음에서 구해 냈다. 토사제로 위를 씻어 낸 다음, 따뜻한 담요로 감싸고 이틀 동안 달걀 흰자위를 먹였다. 그 덕분에 독을 마셔서 오른 체온도 내려갔고, 나흘째에는 위험 상태에서 벗어났다.

그는 회복기 동안 다시 시를 쓰기 시작했다. 미래가 없는 싸움의 번거로움을 잊고, 몇 시간이나 죽음의 낭떠러지를 헤매면서 느낀 자기의 경험을 시로 엮어간 것이다.

그러던 어느 날, 그는 헤르네르도 마르케스 대령에게 물었다.

"자네는 누구를 위해 전쟁을 하나?"

"누구를 위해서랄 것이 뭐가 있습니까? 당연히 위대한 자유파를 위해서지요."

"자넨 행복하군. 그걸 알고 있으니 말이야. 지금 나는 자존심 때문에 싸우고 있다고밖엔 달리 할 말이 없네."

당혹해하는 마르케스 대령의 모습을 보며 아우렐리아노 부엔디아 대령은 재미있다는 듯 말했다.

"하지만 말야. 무엇 때문에 싸우고 있는지조차 모르는 것보다는 낫지 않겠는가. 혹은 자네처럼 어느 누구에게도 아무 의미가 없는 것을 위해서 싸우느니보다는."

대령은 회복을 기다리며 우르술라를 설득해서 흙 속에 묻어 두었던 돈을 꺼내, 헤르네르도 마르케스 대령을 마콘도의 시장 겸 사령관에 임명했다. 그리고 나서 내륙의 반란 집단을 만나기 위해서 다시 떠났다.

헤르네르도 마르케스 대령은 아우렐리아노 부엔디아 대령이 가장 신뢰하는 사나이였고, 우르술라에게 가족과 같은 대우를 받았다. 몸이 가냘프고 수줍음이 많고 가정 환경이 좋은 사람이었으나, 역시 정치보다는 전쟁에 맞는 인간이었다.

그는 부모의 집에서 기거하고 있었으나, 일주일에 두세 번은 우르술라의 점심 초대를 받았다. 그는 아우렐리아노 호세에게 총 조작법을 가르쳐 주었고 아직 나이가 어린데도 군사 교육을 가르쳤으며, 우르술라의 허락하에 몇 달 동안의 병영 생활도 경험하게 했다.

헤르네르도 마르케스는 그렇게 점심 초대를 받고 온 날이면, 베고니아 화분이 즐비하게 놓인 복도에서 아마란타와 중국식 장기를 두며 오후 한때를 보내곤 했다. 그러던 어느 날, 그가 아마란타에게 결혼 신청을 하자 그녀는 이렇게 대답했다.

"난 결혼하지 않을 거예요. 아무와도. 특히 당신과는 더욱 그렇고요. 당신이 진짜 사랑하고 있는 사람은 아우렐리아노예요. 그 사람과는 결혼할 수 없기 때문에 나와 결혼할 생각이 든 거라고요."

헤르네르도 마르케스는 참으로 인내심이 강한 남자였다.

"그래도 단념하지 않겠소."

그 후에도 그의 출입은 계속되었다. 아마란타는 침실에 틀어박혀 소리없이 울면서, 최근의 전투 상황을 우르술라에게 전해 주는 구혼자의 음성을 듣지 않으려고 귀를 틀어막았다. 만나고 싶어 견딜 수 없는데도 필사적으로 참으며, 그 남자 앞에 모습을 드러내지 않았다.

아우렐리아노 부엔디아 대령이 우르술라 앞으로 편지를 보낸 것은 그가 마을을 떠난 지 팔개월 가량이 지난 후의 일이었다. 심부름꾼을 통해 보낸 이 편지 속에는, '머지않아 아버지께서 돌아가실 테니 잘 보살펴 주시기 바랍니다' 라고 씌어 있었다.

"아우렐리아노가 하는 말이니 틀림없겠지."

하며 우르술라는 호세 아르카디오 부엔디아를 침실로 옮기도록 했다. 그런데 밤나무 그늘에서 오랜 세월을 지내는 동안, 그는 체중이 늘어나서 일곱 명이 들어도 꿈쩍하지 않았다. 결국 침대가 있는 방까지 그를 끌고 오지 않으면 안 되었다.

그런데 다음 날 아침 일어나 보니, 그의 모습이 보이지 않았다. 집 안의 온 방을 찾아본 뒤에 밤나무 아래로 가 보니 그는 다시 그 곳으로 가 있었다. 밤나무로 되돌아온 것은 자신의 의지가 아니라 몸에 밴 습관 때문이었다. 우르술라가 손수 뒷바라지를 하며 식사를 차려 주고, 아우렐리아노의 소식을 전해 주었다.

그러나 꽤 오래 전부터 그와 의사소통을 할 수 있는 것은 프루덴시오 아기라르의 영혼뿐이었다. 죽음을 눈앞에 둔 그는 심한 노쇠 현상 때문에 몸을 거의 쓰지 못했는데, 프루덴시오 아기라르가 하루에 두 차례 정도 그에게 찾아와 여러 가지 얘기를 해 주었다. 몸을 닦아 주고 식사를 차려 주고, 전쟁 덕에 대령이 된 아우렐리아노라는 알지 못하는 사나이의 소식을 전해 주는 것도 프루덴시오 아기라르였다.

호세 아르카디오 부엔디아는 혼자 있을 때는 끝없이 이어지는 상상의 방을 생각하며 즐겼다. 방에서 방으로 여행하며 즐기고 있을 때, 프루덴시오 아기라르가 와서 어깨를 툭 친다. 그러면 그는 지금까지와는 반대 방향으로 거꾸로 되돌아와, 현실의 방에서 프루덴시오 아기라르를 만나는 것이다. 그런데 침대로 옮겨진 지 2주일이 지난 어느 날 밤에, 프루덴시오 아기라르가 방 한가운데서 그의 어깨에 손을 얹자, 그는 그 방을 현실의 방으로 잘못 알고 자리를 잡고 말았다. 이렇게 해서 그는 세상을 떠난 것이다.

다음 날 아침에 우르술라가 그에게 식사를 가지고 갔을 때, 한 남자가 복도에서 이쪽으로 오고 있는 것이 보였다. 몸집은 작았으나 늠름했다. 그는 검정 옷을 입었고, 어딘지 모르게 쓸쓸해 보였다. 그는 눈을 가리기라도 하듯 검정 모자를 깊게 눌러쓰고 있었다.

우르술라는 중얼거렸다.

"깜짝이야. 멜키아데스인 줄 알았네."

그 사나이는 비시타시온의 동생으로, 불면증이 두려워 마을에서 달아나 아무런 소식이 없었던 카타우레였다. 비시타시온에게 돌아온 이유를 묻자 그는, 과히로 족 특유의 육중한 음성으로 이렇게 말했다.

"장례식에 참석하기 위해서예요."

호세 아르카디오 부엔디아의 방으로 들어가 힘차게 몸을 흔들기도 하고 귓전에 소리를 지르기도 하고, 코 앞에 거울을 대 주기도 했으나 그는 다시 살아나지 않았다. 잠시 후에 목수가 관을 만들기 위해 크기를 재자, 하늘에서 노랗고 조그만 꽃이 비처럼 내리는 것이 창문 너머로 보였다.

이 꽃비는 조용한 폭풍이 엄습해 오듯 밤새도록 쏟아져 도시를 뒤덮고 지붕을 덮었으며, 문을 열 수 없을 만큼 수북히 쌓여 밖에서 자던 가축들을 질식시키고 말았다. 너무도 많은 꽃이 하늘에서 쏟아졌기 때문에 아침이 되자 거리는 푹신푹신한 꽃방석을 깔아 놓은 것 같았다. 장례식 행렬이 지나가기 위해서는 삽이나 갈퀴로 꽃을 퍼내야 했다.

9

등나무 흔들 의자에 앉아 무릎 위에 자수를 놓고 있던 아마란타는 처음으로 수염을 밀기 위해 턱에 비누칠을 하고, 면도날을 가죽띠에 갈고 있는 아우렐리아노 호세를 바라보고 있었다. 그는 이제 어른이 되어 있었다.

그는 어렸을 때부터 새벽녘이 되면 자기의 그물 침대를 버리고, 아마란타의 침대로 파고드는 버릇이 있었다. 그녀의 살갗에 닿으면 신기하게도 어둠에 대한 공포가 사라졌기 때문이다. 그러나 알몸을 의식한 그날부터 그녀의 침대 속으로 파고드는 것은 어둠에 대한 공포 때문이 아니라, 아마란타의 따뜻한 숨결에 안기고 싶은 욕망으로 바뀌어 있었다.

아우렐리아노 호세는 홀의 시계가 12시를 알리는 왈츠를 들을 때까지는 잠을 이루지 못했다. 아마란타 역시, 그가 침대 속으로 파고들어오기 전에는 마음이 안정되지 않았다.

그러다가 아마란타는 자신이 조카와 애를 태우는 위험스러운 상태에 놓여 있다는 사실을 알아차렸다. 그녀는 즉시 관계를 끊었다. 마침 군사 훈련도 마무리 단계에 접어들고 있던 아우렐리아노 호세는, 어쩔 수 없이 현실을 받아들여 병영에 기거하기로 했다. 그리고 토요일마다 카타리노의 가게에 들러 여자들을 만나며 외로움을 달랬다.

이윽고 종잡을 수 없는 전쟁 소식이 잇따라 들려왔다. 사월 초순쯤, 헤르네르도 마르케스 대령 앞으로 밀사가 나타나 아우렐리아노 부엔디아 대령의 극비 명령을 전했다. 가장 우수한 부하 다섯 명을 선발하여 그들과 함께 국외로 탈출할 것에 대비하라는 내용이었다. 명령은 비밀리에 실행되었다.

협정이 발표되기 일주일 전에 갖가지 소문이 무성하게 떠돌고 있는 가운데, 아우렐리아노 부엔디아 대령은 로케 카르니세로 대령을 포함한 열 명의 심복 장교를 데리고 한밤중이 지나 마콘도로 잠입해 들어왔다. 그리고 경비대를 해산시키고 무기를 땅에 묻고는 서류를 소각했다. 새벽녘에는 헤르네르도 마르케스 대령과 그 부하 다섯 명의 장교를 데리고 마콘도를 떠났다. 너무나도 신속하고 은밀한 행동이었기 때문에, 우르술라도 막 떠나려는 순간에야 알게 되었다. 그리고 다음 날 아침이 되어서야 아우렐리아노 호세가 아버지와 함께 떠났다는 사실을 알았다.

그 무렵, 비시타시온이 사망했다. 그녀는 이십 년 동안 저축해 온 돈을 침대 밑에서 파내어 아우렐리아노 부엔디아 대령에게 전쟁 자금으로 전해 주라는 유언을 남겼다. 그러나 우르술라는 그것을 파내려고 하지 않았다. 그 전후로 아우렐리아노 부엔디아 대령이 주 소재지 근교의 상륙

작전 중에 전사했다는 소문이 떠돌았고, 이후 6개월이 지나도록 전혀 소식이 없었다.

그러다가 그가 고향을 떠난 지 몇 해 후에 비로소 우르술라에게 편지가 도착했다. 꼬깃꼬깃 구겨져 글씨도 잘 보이지 않는 편지는 몇 사람의 손을 거쳐, 쿠바 동부의 산티아고 항구에서 온 것이었다.

그녀가 맨 처음 이 편지를 보이며 말을 건넨 상대는, 전쟁이 끝난 날부터 마콘도의 시장이 된 보수파의 호세 라켈 몬카다 장군이었다. 지성적이고 혈기왕성한 웅변가로 닭싸움을 좋아하는 그는, 예전에 아우렐리아노 부엔디아 대령의 가장 두려운 적수이기도 했다. 한번은 전략상 아우렐리아노 부엔디아 대령의 부대에 진지를 내어 주어야만 했을 때, 장군은 대령에게 두 통의 편지를 남겼다. 그 가운데 한 통은 대령에게 쓴 것으로, 전쟁을 인간적인 것으로 하기 위해 손을 잡자는 제안의 편지였고, 나머지 한 통은 자유파가 지배하는 지역에 살고 있는 아내에게 전해 달라는 편지였다.

이 때부터 두 지휘관은 전투가 가장 치열한 때조차도 정전했고, 포로를 교환하곤 했다. 축제 기분이 풍겨 오는 이 전투 속에서 몬카다 장군은 아우렐리아노 부엔디아 대령에게 체스를 가르쳐 주었고, 두 사람은 다정한 친구 사이가 되었던 것이다.

그리고 전쟁이 끝난 후, 대령이 반란이라는 험준한 길을 선택한 데 비해, 장군은 마콘도의 시장으로 임명되었다. 그는 평복을 착용하고 군인 대신 무기를 휴대하지 않은 경관을 배치했다. 사면령을 엄격히 지키고 전사한 자유파 용사의 가족들을 도와주었다. 그리고 전쟁을 과거의 어리석은 악몽으로 생각하게끔 마콘도를 신뢰에 넘치는 곳으로 만들어 갔다.

그 무렵, 학교 건물도 수리되었다. 산타 소피아 데 라 피에다가 낳은

쌍둥이 형제 아우렐리아노 세군도와 호세 아르카디오 세군도도 학교에 보냈다. 어머니의 청초한 미모를 이어받은 레메디오스는 '미녀 레메디오스'로 불렸다.

이 무렵 니카라과의 연방군을 탈주하여 독일 배에 올라탄 아우렐리아노 호세가 아마란타와의 결혼을 결심하고, 검게 그을린 수염투성이의 얼굴로 부엌에 나타났다.

기회만 엿보고 있던 그는 우르술라가 그 자리에 있는 것도 아랑곳하지 않고 아마란타의 눈을 들여다보며 말했다.

"늘 고모만 생각하고 있었어."

"난 네 고모야. 어머니뻘이 된단 말이야. 젖만 빨리지 않았지, 너를 키운 것도 나란 말이야."

아우렐리아노 호세는 전쟁 중 죽음의 공포 속에서도 언제나 아마란타

만을 생각했다. 아마란타를 잊기 위해 무모하리만큼 용맹하게 싸우기도 했다. 하지만 그녀의 모습을 지우려고 하면 할수록 그의 마음속엔 더 치열하게 그녀에 대한 사랑이 불타고 있었다.

그러던 어느 날, 그는 동료 병사에게 사촌 간이기도 한 고모와 결혼한 자기 아들이 할아버지뻘이 되더라는 이야기를 듣게 되었다. 고모와 결혼할 수도 있다는 것을 알자, 그는 탈주를 시도했던 것이다.

"고모한테 이러면 안 돼. 교황님이 허락해 주신다면 또 모를까."

아우렐리아노 호세는 희망적인 답변을 얻을 수만 있다면 온 유럽을 무릎으로 걸어다녀도 좋고, 교황의 발 아래 엎드려 신발에 키스라도 하겠다고 맹세했다.

"돼지꼬리가 달린 아이를 낳을지도 몰라."

"상관 없어."

무슨 말을 해도 아우렐리아노 호세는 막무가내였다. 이윽고 그는 아마란타를 무시하는 방법을 쓰기로 했다. 그래서 그녀를 봐도 아무 말도 건네지 않았다. 그러자 아마란타는 오히려 무거운 짐에서 해방된 느낌을 받았다. 그리고 그녀는 자신도 모르게 헤르네르도 마르케스 대령을 생각하게 되었고, 그와 중국식 장기를 즐기던 오후를 그리워했다.

아우렐리아노 호세가 귀가한 지 2, 3개월이 지난 무렵, 재스민 향기를 풍기는 몸집이 좋은 여자가 다섯 살 가량의 남자 아이를 데리고 나타났다. 이 아이는 아우렐리아노 부엔디아 대령의 아이이기 때문에, 우르술라의 손으로 세례를 받기 위해 왔노라고 했다. 아직 이름도 없는 이 아이의 혈통을 의심할 사람은 아무도 없었다. 그 아이는 대령의 어린 시절과 복사판이었다. 아이에게 아우렐리아노라는 이름을 지어 주고 몬카다 장군이 대부가 되었다.

우르술라는 군인들의 침소에 딸을 들여보내는 습관이 있다는 것을 이 때 처음 알게 되었다. 아우렐리아노 부엔디아 대령의 자식이라는 아이들이 이후에도 아홉 명이나 세례를 받기 위해 이 집으로 찾아왔기 때문이다.

그 중 두 아이가 좀 달랐는데, 나이에 비해 몸집이 큰 아이는 손에 닿는 것은 무엇이든 부수어 꽃병과 사기그릇 몇 개를 박살냈다. 다른 한 아이는 마치 자기 집이라도 되는 듯 편안한 모습으로 안에 들어와서는 우르술라의 침실 장롱 앞으로 가서 졸라 댔다.

"태엽이 달린 춤추는 인형이 있어야 한단 말이에요."

우르술라는 어리둥절했지만, 장롱을 열고 멜키아데스가 살아 있을 때 사용했던 먼지 낀 잡동사니를 뒤져 보았다. 언젠가 피에트로 크레스피가 가져왔으나, 이후 아무도 생각해 본 적이 없는 태엽 장치가 된 춤추는 인형이 한쪽 구석에 들어 있었다.

대령이 전장에 있으면서 1, 2년이 채 못되는 세월 동안에 생긴 아이들에게는 모두 아우렐리아노라는 이름과, 어머니의 성을 붙여 주었다. 그 수는 열일곱 명이나 되었다. 처음에 우르술라는 아이들에게 돈을 주었고, 아마란타는 그 아이들을 맡아 키우겠다고 했으나 마지막에 가서는 다만 선물만 주었다.

한편, 아우렐리아노 호세는 집에 돌아와 무엇 하나 불편한 것 없이 살 수 있게 되자, 예전의 계집질과 게으름이 나타나기 시작했다. 아마란타에 대한 정열은 흔적도 없이 사라졌다. 그는 당구를 치고 심심하면 여자들을 만났고, 우르술라가 몰래 숨겨 놓은 돈을 훔쳐 냈다. 나중에는 옷을 갈아입기 위해 집에 들르는 형편이었다.

그는 자신의 출생 비밀을 끝내 알지 못했던 아르카디오와는 달리, 피라르 테르네라가 생모라는 사실을 알고 있었다. 두 사람은 모자지간보다는 서로 외로움을 위로하는 친구처럼 지냈다.

반란의 기운이 감돌기 시작하면서 경비대의 지휘관인 아킬레스 리카르도 대위가 사실상의 시 실권을 장악하고 있었다. 그러던 어느 날, 아우렐리아노 호세가 극장에 갔을 때, 총을 든 두 군인과 함께 아킬레스 리카르도 대위가 관객의 몸수색을 하고 있는 것을 보았다. 대위는 굳이 몸을 수색하려고 했고, 아우렐리아노 호세는 무기를 가지고 있지 않았는데도 도망을 쳤다. 화가 난 대위는 군인의 손에서 총을 빼앗아 거리를 뛰어가는 그를 향해 겨누었다. 총탄이 그의 등을 뚫고 들어가 가슴을 파열시키고 말았다. 그러나 리카르도 대위는 아우렐리아노 호세보다 4시간 일찍 숨을 거두었다. 총성이 울림과 동시에 어디에서 쏘았는지도 모르는 두 발의 탄환을 맞고 대위 또한 그 자리에 쓰러졌던 것이다.

　　9월이 되면서 상반된 갖가지 소식이 전해졌다. 정부는 전국을 제압하고 있다고 공포했지만, 자유파 사람들은 내륙에서의 무장 봉기에 대한 비밀 정보를 갖고 있었다.

　　처음 정부는 전쟁 상태에 있다는 것을 인정하지 않았다. 그러나 이내 아우렐리아노 부엔디아 대령에 대한 궐석 재판을 통해 그에게 사형이 선고되었다는 포고문을 발표했다. 따라서 체포한 경비대에서 즉각 판결을 집행하라는 지령이 떨어졌다.

　　사실, 아우렐리아노 부엔디아 대령은 벌써 한 달 전에 고국 땅에 들어와 있었다. 게다가 여러 가지 소문이 나돌면서 멀리 떨어진 고장에 동시에 출몰하고 있는 상태였기 때문에, 그가 연안의 두 개 주를 손 안에 넣었다는 정부측의 발표가 있기 전까지는 몬카다 장군도 그의 귀국을 믿지 않았다.

　　10월 1일 이른 새벽에 아우렐리아노 부엔디아 대령은, 무기가 충분한 천 명의 부하를 인솔하고 마콘도를 공격했다. 경비대는 진지를 사수하라는 명령을 받고 있었다. 우르술라와 점심을 같이 하고 있던 몬카다 장군은 포성을 들으며 작별 인사를 했다. 지는 싸움이라고 확신하며 그는 말했다.

"오늘 밤에는 아우렐리아노가 들어오지 못하도록 할 생각입니다만, 만약 들어오면 안부나 전해 주세요. 두 번 다시 만나지는 못할 테니까요."

장군은 이날 밤, 전쟁을 인간적으로 수행한다는 두 사람의 공통 목적을 새삼 상기하고, 군인의 부패와 정치가의 야심에 대한 승리를 획득하기 바란다는 장문의 편지를 쓴 뒤, 마콘도를 탈출하려고 했다. 그러나 불행하게도 적의 손에 잡히고 말았다.

다음 날, 아우렐리아노 부엔디아 대령은 혁명군의 군사 법정에서 운명이 결정될 몬카다 장군과 함께 점심을 먹었다. 화기애애한 분위기 속에서 식사를 했지만, 우르술라는 서로 적인 그들이 싸움 따위는 잊어버리고 옛 얘기를 나누고 있는 것을 들으면서 자기 자식이 침략자로 생각되었다.

혁명군의 포로가 된 정규군 장교는 모두 총살형에 처한다는 판결이 내려졌다. 마지막으로 호세 라켈 몬카다 장군의 차례가 되었다. 우르술라가 재판에 간섭했다.

"이 분은 마콘도에서 가장 훌륭한 지배자였다. 그건 네가 누구보다 잘 알고 있을 거다. 그 분이 마음씨 고운 분이란 건 구태여 내 입으로 말하지 않아도 알잖니? 우리들을 얼마나 사랑했는데."

아우렐리아노 부엔디아 대령은 책망하는 듯한 눈으로 우르술라를 보며 대답했다.

"어머니는 재판에까지 참견할 권한이 없어요. 하실 말씀이 있으시면 군사 법정에 나와서 말씀하세요."

그러자 우르술라는 마콘도에 살고 있는 혁명군 장교의 어머니 전원을 데리고 법정으로 쳐들어갔다. 그러나 호세 라켈 몬카다 장군은 한밤중에 사형 언도를 받았다. 우르술라의 격렬한 질책에도 아우렐리아노 부엔디아는 판결을 변경하지 않았다.

10

전쟁의 허망함을 최초로 의식한 것은 헤르네르도 마르케스 대령이었다. 그는 마콘도의 시장 겸 사령관으로서 일주일에 두 번 아우렐리아노 부엔디아 대령과 전신으로 얘기를 하고 있었다. 처음 얼마 동안은 이 연락에 따라 구체적인 방법이 결정되고, 그 상황이 명확했기 때문에 자기가 어떤 위치에 서 있는지 언제든 확인할 수 있었고, 장래를 내다보는 것도 가능했다.

그런데 전쟁이 확대되고 격화됨에 따라 그 모습이 조금씩 변했다. 그 무렵부터 그는 전혀 알지 못하는 사나이와 교신하고 있는 듯한 당혹감을 느끼며 잠자코 상대의 말만 들었다. 예전에는 전쟁이 현실이었고, 청춘의 정열이었지만, 이제는 공허하게 느껴졌다.

마르케스 대령에게 유일한 도피처는 아마란타의 재봉실이었다. 그래서 오후가 되면 그는 아마란타를 찾아갔다. 그는 손재봉틀로 주름을 잡는 아마란타의 손을 바라보며 마음을 위로했다. 두 사람은 한 곳에 있는 것으로 만족해하며 한 마디 말도 없이 몇 시간이고 앉아 있곤 했다.

전쟁이 가장 중대한 국면에 있을 때조차도, 그는 매일 그녀를 찾아왔다. 요직을 맡았으면서도 홀에 무기를 놓고 재봉실에 들어오는 이 남자의 끈질김이나 충실함, 온순함에 아마란타는 속으로 감탄하였다. 그러면서도 4년 동안이나 사랑을 고백해 오는 그에게 마음의 상처를 입히지 않으면서 그의 구애를 교묘하게 물리쳤다. 어떤 일에도 흥미를 느끼지 않았기 때문에 모두가 저능아라고 의심하던 미녀 레메디오스도 그의 헌신적인 행동에 기회만 있으면 마르케스 대령의 편을 들었다.

어느 날 문득 아마란타는 자신이 손수 키운 이 아이, 미녀 레메디오스가 이제 마콘도 제일의 미녀가 되어 있다는 사실을 깨달았다. 그 전에 레베카에 대해 품고 있던 질투가 마음에 되살아나는 것을 느낀 그녀는, 죽음을 소원하는 일이 생기지 않게 해 달라고 하나님께 기도하면서 미녀 레메디오스를 멀리했다.

헤르네르도 마르케스 대령은 아마란타를 위해서라면, 청춘을 희생해서 얻은 영예조차 버릴 각오로 마음 깊은 곳에 숨겨 온 사랑을 호소했지만 도저히 그녀를 설득할 수는 없었다.

그러던 어느 날 오후, 헤르네르도 마르케스 대령은 아우렐리아노 부엔디아 대령으로부터 전신을 받았다. 그저 흔한 연락이었다. 그런데 교신이 끝날 무렵, 마르케스 대령은 깊은 고독감에 잠겨 말했다.

"아우렐리아노, 지금 마콘도에는 비가 온다네."

긴 침묵이 흐른 후 아우렐리아노 부엔디아 대령은 비정한 말을 담은 기호를 보내 왔다.

"바보 같은 소리군. 8월에 비가 오는 건 당연하잖나."

마르케스 대령은 그 쌀쌀맞은 대답에 어리둥절해졌다. 그러다 두 달 후에 아우렐리아노 부엔디아 대령이 마콘도에 돌아왔을 때, 그 곤혹감은 놀라움으로 바뀌었다. 우르술라조차도 아들의 달라진 모습에 깜짝 놀랐다. 판에 박힌 전황 보고이긴 했으나 아우렐리아노 부엔디아 대령은 전신도 제대로 읽으려고 하지 않았다. 한번은 마르케스 대령이 국제 분쟁이 될 위험이 있는 국경지대 주민을 철수시키는 문제에 대해 묻자 그는 악을 쓰며 말했다.

"쓸데없는 일로 나를 괴롭히지 말게. 자네가 처리하라고!"

이것은 전쟁이 가장 중대한 국면에 있을 때 생긴 일이었다. 갖가지 대승리에 취해 있을 때, 그는 나락으로 떨어지고 있었던 것이다. 전쟁이 일어난 후 그는 어느 누구에게도, 심지어 우르술라조차도 3미터 이내에 접근하지 못하도록 했다.

이 시기에 반란군의 주요 지휘관을 집합시킨 두 번째 회의가 열렸다. 이상주의자, 야심가, 사기꾼, 사회에 불만을 품은 자, 범죄자 등 그 자리에는 온갖 사람들이 다 모였다. 공금횡령죄로 재판에 회부되는 것을 피하기 위해 반란에 참가한 보수파의 전직 공무원까지 섞여 있었다. 그 중에는 난폭하고 배운 것도 없으나 잔머리 쓰는 일에 능해서, 열광적인 부하들에게 구세주처럼 행세하는 인디언 테오피로 바르가스 장군도 있었다.

아우렐리아노 부엔디아 대령이 회의를 개최한 것은, 정치꾼들의 책동을 봉쇄하기 위해 지휘권을 통일한다는 의도가 있었다. 이를 테오피로 바르가스 장군은 재빠르게 눈치채고, 유능한 지휘관들의 관계를 이간질하고는 총사령관의 지위에 올랐다.

아우렐리아노 부엔디아 대령은 부하 장교들에게 그 녀석을 조심하라고 경고했다. 그러자 아우렐리아노 부엔디아가 명령을 내린 적도 없었건만, 2주일 후 테오피로 바르가스 장군은 습격을 받아 검으로 난도질을 당한 채 살해되었다.

이후 아우렐리아노 부엔디아 대령이 전군의 지휘를 맡게 되었다. 반란군의 모든 지휘관이 그의 지위를 인정했다.

어느 날 새벽녘에, 그는 별안간 눈을 뜨더니 담요를 가져오라고 큰 소리로 외쳤다. 낮에도 기습해 오는 오한 때문에 그는 잠을 잘 수 없었고, 그런 날이 몇 달이나 계속되자 결국 지병처럼 되고 말았다.

그는 불안으로 지쳐 있었다. 늘 같은 곳에 서 있는 듯한, 쓸잘데없이 되풀이되는 전쟁에 싫증이 났다. 나이를 먹어 가면서 몸은 자꾸만 쇠약해지는데, 전쟁은 싸우는 이유도, 수단도, 그것이 끝나는 시기도 점점 더 알 수 없게 되어갔다. 아무런 예감도 느낄 수 없게 된 외로운 그는, 죽을 때까지 달라붙어 있을 것 같은 오한에서 도망치기 위해서 마지막 은신처인 마콘도로 돌아왔던 것이다.

심한 무력감에 사로잡혀 있던 그는, 전쟁의 앞날을 논의하기 위해 파견되어 온 사절단의 도착 보고를 들었다. 12월 초순경, 많은 사람들이 끝없는 토론을 펼치리라 예상했던 회의는 불과 한 시간 만에 끝나고 말았다. 그는 담요로 몸을 감싸고 사절들의 짤막한 제안을 잠자코 듣고 있었다. 그들의 첫 번째 요구는 자유파 지주들의 지지를 얻기 위해서 토지 소유권의 조사를 단념하라는 것이었다. 두 번째 요구는 가톨릭 신자들의 지원을 얻기 위해서 성직자를 억압하는 싸움을 중지해 달라는 것이었다. 그들의 마지막 요구는 현재의 가정을 지키기 위해서 서자와 적자에게 평등한 권리를 인정하라는 주장을 버리라는 것이었다.

"요컨대 우리들 전쟁의 목적은 알맹이는 다 버리고 그저 정권을 획득하는 데 있군."

대령은 낭독이 끝나기를 기다렸다가 웃는 얼굴로 말했다. 미소를 머금은 대령은 사절단이 내민 서류를 받아들고 서명할 자세로 말했다.

"좋소. 당신들 조건을 다 받아들이겠소."

부하들은 놀라며 서로 얼굴을 바라보았다.

"이런 말이 어떨지 모르겠지만, 이건 완전한 배신 행위예요."

헤르네르도 마르케스 대령이 점잖은 투로 말했다. 아우렐리아노 부엔디아 대령은 잉크를 찍어 바른 펜을 멈추고 큰 소리로 말했다.

"자네, 무기를 이리 내놓게. 그리고 병영에 가 있게. 자네 문제는 혁명군의 군사 재판에서 결정할 거야."

선언서에 서명한 그는 그것을 사절단에게 건네주었다. 이틀 후 헤르네르도 마르케스 대령은 반역죄로 고발되어 사형 언도를 받았다. 사형 집행 전날 밤, 우르술라는 아무도 들어와서는 안 된다는 명령을 무시하고 아우렐리아노 부엔디아 대령의 침실로 찾아갔다.

"네가 기어코 마르케스 대령도 총살할 작정이란 걸 알고 있다. 그리고 내가 그걸 중지시킬 힘이 없다는 것도 알고 있어. 하지만 잊지 마라. 만일 그가 죽는다면 돌아가신 부모님들과 호세 아르카디오 부엔디아의 이름을 걸고 맹세하는데, 네가 어디에 숨어 있든 반드시 찾아내어 내 손으로 너를 죽일 거야."

그녀는 대답도 기다리지 않고 방을 나왔다.

마르케스 대령이 아마란타의 재봉실에서 보낸 날들의 추억에 사로잡혀 있는 동안, 아우렐리아노 부엔디아 대령 또한 고독한 자기의 세계를 벗어나고자 발버둥치고 있었다. 생각해 보면 지금까지 스스로 행복하다고 생각한 때는, 시간 가는 줄 모르고 작업실에 틀어박혀 금세공 물고기를 만들던 시절뿐이었다.

새벽녘이 되어 사형 집행이 한 시간 앞으로 다가왔을 때, 잠을 이루지 못한 아우렐리아노 부엔디아 대령이 감옥으로 마르케스 대령을 찾아갔다.

"이런 엉터리 연극도 이젠 끝이 났어. 모기에 뜯겨 지치기 전에 이 곳을 떠나세."

마르케스 대령은 상대방의 태도에 대해 경멸을 담아 대꾸했다.

"사양하겠네. 타락한 자네를 보느니 차라리 이대로 죽는 게 낫겠어."

"절대 그렇게 되지는 않을 거야. 이 지긋지긋한 전쟁을 끝내는 걸 도와줘야겠어."

전쟁을 시작하기는 쉬워도 끝내기는 어렵다는 것을 부엔디아 대령은 모르고 있었다. 그의 부하 장교들이 끝까지 휴전을 거부했기 때문에, 최후의 수단으로 적의 힘을 빌어 그들을 평정하기도 했다.

우르술라와 가족들은 아우렐리아노가 매번 떠들썩하게 집으로 돌아오고, 어디에나 붙어 다니는 많은 군인들로 인해 점차 그의 존재를 꺼림칙하게 여기게 되었다. 그는 점차 가족들에게 낯선 존재가 되어 갔다. 미녀 레메디오스나 쌍둥이 형제는 전쟁 중에 태어났기 때문에 그를 거의 알지 못했다. 아마란타도 모든 사람들로부터 3미터 거리를 두도록 하는 이 군인을, 소년 시절 금세공 물고기를 만들던 오빠라고 도저히 믿을 수 없었다.

실제로 그는 우르술라가 정성 들여 정리해 둔 금세공 작업장 앞을 지나갈 때도 자물쇠에 꽂힌 열쇠조차 알아차리지 못했다. 석회가 떨어진 벽, 구석구석에 걸려 있는 더러운 비단 같은 거미집, 흰개미가 갉아먹어 황폐해진 자국, 돌층계에 무성하게 낀 이끼를 보고도 슬퍼하지 않았다.

그러나 곧 정전이 된다는 소문이 전해지면서 가족끼리의 애정도 다시 살아났다. 그는 늘 담요로 몸을 감싸고 장화를 신은 채 복도에 앉아서 떨어지는 비를 온종일 바라보고 있었다. 우르술라는 그것을 보고는 아들이 집에 그리 오래 있지 않을 것이라고 확신했다. '전쟁이 아니더라도 틀림없이 죽겠구나.' 하는 알 수 없는 생각이 들었다.

식사 도중 우르술라가 아우렐리아노에게 말했다.

"다시 나가는 것도 좋지만 오늘 밤의 우리들을 제발 잊지 말아다오."

이 말을 듣자 아우렐리아노 부엔디아 대령은 자기의 비참함을 이해해 주는 사람은 어머니 한 사람뿐이라고 생각했다.

"죄송합니다, 어머니. 이 전쟁 동안 모든 것을 잃어버렸어요."

그는 미안한 얼굴로 말했다. 그리고 며칠 동안 이 세상에 남긴 그의 모든 발자취를 없애는 일에 몰두했다. 금세공 작업장을 정리하고 부하들에게 옷가지를 나눠 준 다음, 참회의 마음으로 무기를 안뜰에 묻었다. 다만, 권총 한 자루와 탄환 한 발은 남겨 두었다.

우르술라는 아무 말도 하지 않았다. 다만 그가 레메디오스의 사진을 찢어 버리려고 했을 때, 한차례 말렸을 뿐이다.

"그 사진은 벌써 오래 전부터 너 한 사람의 것이 아니야. 이 집의 소
중한 재산이야."

그를 생각나게 할 만한 물건이 집 안에 하나도 없게 되었을 때, 그는 시 원고가 든 트렁크를 아궁이에 불을 지피고 있는 산타 소피아 데 라 피에다에게 가지고 갔다.

"이걸로 불을 지피면 좋을 거야. 오래 된 것이니 잘 탈 거야."

거역할 줄 모르는 조용하고 인정 많은 산타 소피아 데 라 피에다였으나, 순간 이래서는 안 될 것 같아 말했다.

"소중한 것 아닌가요?"

"별로. 기분풀이로 써 본 것들이야."

"그렇다면 직접 태우시죠."

그는 낫으로 트렁크를 찢어 아궁이 속에 던졌다. 얼마 후 주치의가 와서 임파선 수술을 끝내자 대령은 무심코 심장이 위치에 있는지 물었다. 의사는 청진을 마치고 머큐럼을 적신 솜으로 가슴에 동그라미를 그려 보였다.

전쟁을 그치기로 합의를 한 화요일은 아침부터 비가 내렸다. 아우렐리아노 부엔디아 대령은 아침 일찍 부엌에 나타나 평소와 다름없이 설탕을 넣지 않은 커피를 마셨다.

오전에 마르케스 대령이 반란군 장교들을 데리고 그를 맞으러 왔다. 그는 평소보다 말수가 적었고, 깊은 생각에 잠겨 쓸쓸해 보였다. 우르술라가 그의 어깨에 새 담요를 걸쳐 주면서 말했다.

"이런 꼴로 나가면 정부측 녀석들이 뭐라고 하겠니? 틀림없이 담요 살 돈이 없어 항복한다고 하겠다."

그러나 그는 새 담요를 거절했다. 문까지 나와 여전히 비가 내리는 것을 보고서야 비로소, 호세 아르카디오 부엔디아의 낡은 중절모를 받아 썼다.

"약속할 수 있지, 아우렐리아노? 뭐든 안 좋은 일이 생기면 나를 생각해 다오."

우르술라의 말에 희미한 미소로 답했을 뿐, 그는 한 마디 말도 없이 집에서 나와 군중의 아우성 소리와 욕설, 저주하는 소리 속으로 뛰어들었다. 우르술라는 다시는 열지 않을 듯한 태세로 문빗장을 채웠다.

서명에 들어가기 전 대통령의 특사가 항복문서를 낭독하려고 하자, 아우렐리아노 부엔디아 대령이 반대하고 나섰다.

"형식적인 일로 시간을 낭비하지 맙시다."

그는 문서도 읽지 않고 서명을 하려 했다. 그러자 천막 안의 정적을 깨고 한 장교가 말했다.

"대령님, 제발 제일 먼저 서명하지는 마십시오."

아우렐리아노 부엔디아 대령은 그 당부를 받아들였다. 그러나 서류가 탁자를 한 바퀴 돌 때까지 제일 위칸은 공백으로 남아 있었다. 대령이 그 곳에 서명을 하려고 하자 부하인 다른 장교가 다시 말했다.

"대령님, 아직도 생각할 시간이 있습니다."

그러나 대령은 눈썹 하나 까딱하지 않고 서명했다. 그리고 수령증까지 직접 써서 주었다. 잠시 후 그는 견습 신부들이 나누어 준 레몬차와 비스킷을 먹고 야전용 텐트로 갔다. 거기서 셔츠를 벗고 침대 모서리에 앉아 주치의가 가슴에 그려 놓은 머큐럼을 겨냥해 권총을 발사했다.

바로 그 시각, 냄비 속 우유가 도무지 끓지 않아 우르술라가 이상하

게 여겨 뚜껑을 열어 보았을 때, 그 안에 구더기가 그득히 우글대고 있었다. 그녀는,

"아우렐리아노가 죽었구나!"

하고 외쳤다.

그 때 우르술라의 눈에는 더욱 늙어 보이는 호세 아르카디오 부엔디아가 온통 비에 젖은 가련한 몰골로 서 있는 것이 들어왔다.

"그 아이는 억지로 죽음을 당했다오. 다정하게 눈을 쓸어 감겨 주는 놈도 없었다오."

우르술라는 마치 자기 눈으로 보고 온 듯 말을 건네며 밤나무 아래 남편의 무릎에 매달려 울먹였다. 바로 그 때 피로 뒤범벅이 된 담요에 말려 두 눈을 부릅뜬 아우렐리아노 부엔디아가 업혀 들어오고 있었다. 생명에는 지장이 없었다. 탄환이 교묘하게 관통했던 것이다.

자살 실패 후 그의 명성은 순식간에 회복되었다. 사람들은 자살 미수야말로 수치를 아는 자의 행위라며 그를 순교자로 받들었다.

후일 그가 대통령이 베푼 훈장을 사양했을 때는 원수로 여기던 사람들까지도 그를 방문해서 정전협정을 무시하고 새로운 반란을 일으키라고 그를 선동했다.

아우렐리아노 부엔디아 대령의 몸이 완전히 회복되었을 무렵, 그의 동지들은 죽었거나 국외로 추방되었거나, 아니면 정부에 완전히 흡수되어 있었다. 대령은 십이월이 되어서야 밖으로 나왔다. 그리고 보호의 명목으로 대령의 집 현관 앞에는 경비대가 배치되었다.

그로부터 한참의 시간이 흐르고 난 어느 날 오후, 우르술라는 홀을 정돈할 참으로 집의 경비를 맡고 있는 군인들에게 도움을 청했다. 젊은 대장은 그것을 허락했고, 우르술라는 그들에게 조금씩 새로운 일을 맡겼다. 그들을 식사에 초대했고, 옷가지나 신발을 주었으며, 읽고 쓰기를

가르쳤다. 정부가 대령을 감시하는 것을 중지했을 때, 그들 중 한 사람은 그대로 남아서 오랫동안 하인으로서 이 집에서 일했다.

11

비 내리던 6월의 어느 날 오후, 아우렐리아노 세군도는 첫 아들을 얻었다. 몸이 약한데다가 울음보여서 부엔디아 집안 사람 같은 데가 하나도 없는 아이였으나, 이름은 즉석에서 호세 아르카디오로 지었다. 지난해에 맞이한 아름다운 아내 페르난다 델 카르피오도 찬성이었다. 오랜 시간이 흐르는 동안 비슷한 이름이 되풀이되었기에, 우르술라만은 같은 이름을 짓는 것에 대해 막연한 불안감을 가지고 있었다. 그녀는 아우렐리아노라는 이름을 가진 자는 내향적이고 머리가 좋은 반면, 호세 아르카디오라는 이름을 가진 자는 충동적이고 비극적인 사건이 따라다닌다는 결론을 나름대로 내리고 있었던 것이다.

그 결론에 맞지 않은 사람은 호세 아르카디오 세군도와 아우렐리아노 세군도 둘뿐이었다. 그들은 사춘기 때까지 똑같은 두 개의 기계 같았다. 같은 시각에 잠에서 깨어나고 같은 시각에 화장실에 가고 싶어했고, 같은 병에 걸렸으며, 같은 꿈을 꾸었다. 어느 날 산타 소피아 데 라 피에다가 한 녀석에게 레몬차가 들어 있는 컵을 주었는데, 그 아이가 입을 대자마자 다른 아이가 그건 설탕이 들어 있지 않다고 말해 사람들을 놀라게 하기도 했다. 다만 우르술라만이 무덤덤하게 말했다.

"원래 이 집 사람들은 어딘가 이상한 데가 있지."

그러나 시간이 지나면서 그 혼란은 사라졌다. 아우렐리아노 세군도는 할아버지처럼 거구로 자랐고, 호세 아르카디오 세군도는 대령과 꼭 닮은 비쩍 마른 사나이로 성장했다. 결정적인 차이는 전쟁 중에 일어났다.

호세 아르카디오 세군도가 총살 장면을 보고 싶다고 마르케스 대령을 졸랐던 것이다. 그와는 달리 아우렐리아노 세군도는 처형을 보러 간다는 말만 들어도 몸을 떨었다. 그리고 열두 살이 되었을 때, 그는 우르술라에게 늘 닫혀진 방에 무엇이 있는지를 물었다.

"거기에는 멜키아데스라는 사람이 보던 책과 그 사람이 사용하던 이상한 것들이 있단다."

우르술라의 대답에 아우렐리아노 세군도는 호기심이 생겼다. 너무나 성가시게 굴었기 때문에 우르술라는 그 방의 열쇠를 주었다. 그가 방으로 들어갔을 때, 오랫동안 사람의 출입이 없었는데도 불구하고 방 안은 집 안 어느 곳보다 공기가 맑았다. 아우렐리아노 세군도는 그 방에서 표지도 없고 제목도 없는 책 한 권을 탐독했다. 바늘로 찍어지는 쌀톨만 먹고 산다는 여자 얘기, 그물추로 쓰이는 납구슬을 빌렸다가 나중에 물고기를 주었더니 배 속에 보석이 들어 있었다는 어부 얘기, 소망을 들어 주는 램프 등의 이야기에 그는 넋을 잃었다. 그가 이것이 진짜 이야기인지 묻자, 우르술라는 옛날 집시들이 마법의 램프나 하늘을 나는 양탄자를 가져온 적이 있었다고 대답했다.

책장이 떨어져 나가 중간에 끊긴 얘기들도 많았지만, 아우렐리아노 세군도는 그 책을 다 읽고 나서 양피지에 씌인 원고를 해석하기 시작했다. 그러나 그건 불가능에 가까웠다. 불이 난 것처럼 더운 어느 날 정오쯤, 원고를 살피고 있던 그는 창문의 햇살을 정면으로 받고 있는 멜키아데스의 모습을 보았다.

이 날부터 아우렐리아노 세군도와 멜키아데스는 몇 해 동안 거의 매일 얼굴을 맞댔다. 아우렐리아노 세군도는 이 비밀스런 만남을 숨기고 있었다. 그러던 어느 날 멜키아데스와 함께 있을 때 우르술라가 들어왔다. 그는 자기만의 세계가 무너질 것 같아 걱정을 하였으나, 우르술라는

멜키아데스의 모습을 보지 못한 채 이렇게 말했다.

"네 증조부도 너처럼 혼자서 중얼거리곤 하셨지."

한편, 아르카디오 세군도는 총살을 보고 싶다는 꿈을 이미 이루었다. 그러나 그 이후 그는 처형이 아니라 총살당한 사나이를 생매장한다는 그 무서운 방법이 싫어서, 군사훈련이나 전쟁을 극도로 싫어하게 되었다. 그러면서 그는 안토니오 이사벨 신부의 미사를 돕거나 사제관의 안뜰에서 닭싸움을 돌보게 되었다. 스승의 열성에 자극을 받은 그는 2, 3개월 동안에 신학 논쟁술에 능란해졌고, 투계장 흥정도 잘 할 수 있게 되었다.

그는 안토니오 이사벨 신부에게서 훈련받은 솜씨를 투계장에서 발휘하기 시작했다. 기르고 있는 닭의 수를 불렸을 뿐만 아니라, 돈도 충분히 자유롭게 쓸 수 있게 되었다. 우르술라는 어렸을 때는 동일 인물로만 보이던 쌍둥이 형제가 도무지 닮은 데가 없는 모습으로 성장하는 것을 도저히 이해할 수 없었다.

그러나 이 당혹감도 오래가지 않았다. 얼마 후 아우렐리아노 세군도가 게으름과 방탕의 조짐을 보이기 시작했던 것이다. 멜키아데스의 방에 있을 동안에는, 아우렐리아노 부엔디아 대령처럼 명상벽이 강했지만, 네르란디아 협정이 체결되기 전에 일어난 우연한 사건으로 세상 바람을 타게 되었다.

아코디언의 당첨 번호를 팔고 있던 한 젊은 여자가 아우렐리아노 세군도에게 다정스럽게 말을 걸어온 것이다. 그 여자는 그를 아르카디오 세군도라고 생각하였다. 종종 형과 혼동되는 일이 있었기 때문에 그는 그다지 놀라지 않았다. 그러나 그가 미처 말을 꺼내기도 전에 여자는 눈물을 보이며 그를 자기 방으로 끌고 들어갔다. 그 이후 그는 멜키아데스의 방으로 가지 않았고, 오후가 되면 안뜰에 앉아 아코디언 연습을 했다.

얼마 후 그는 형이 욕실의 기둥을 붙잡고 땀을 흘리며 눈물을 흘리고 있는 것을 보았다. 형은 자기가 고약한 병을 옮겼다는 이유로 여자에게 쫓겨났다고 했다. 성병이었던 것이다. 호세 아르카디오 세군도는 두 번 다시 여자를 찾아가려 하지 않았다. 아우렐리아노 세군도는 형의 허락하에 그 여자를 독점했다. 여자의 이름은 페트라 코테스였다.

우르술라는 호세 아르카디오 세군도가 투계에 열중하고, 아우렐리아노 세군도가 애인의 집에서 열리는 파티에서 아코디언을 연주하고 있다는 사실을 알고 어찌할 바를 몰랐다. 이 때 우르술라는 속으로 아무에게도 두 번 다시 아우렐리아노나 호세 아르카디오라는 이름을 지어 주지 않겠다고 다짐했다. 그러나 아우렐리아노 세군도에게 장남이 생겼을 때, 호세 아르카디오라는 이름을 지어 주자는 가족들의 의견에 반대할 용기는 나지 않았다.

아우렐리아노 세군도는 열심히 일을 한 것도 아닌데 거짓말처럼 가축이 늘어났다. 그래서 몇 해 안 되어 늪지대에서 몇 번째 드는 갑부가 되었다. 말들은 세 쌍둥이를 낳았고, 암탉은 하루에 두 번씩이나 알을 낳았다. 돼지도 그칠 줄 모르고 자랐다. 사람들은 마법 같은 번창을 모두 신기해했다.

"이런 행운이 계속되는 것은 아니니 조금 절약하면 어떻겠니?"

우르술라가 말을 해도 그는 건성이었다. 친구들을 잔뜩 먹이기 위해 샴페인을 터뜨릴수록 가축은 더 많은 새끼를 낳았다. 그는 이것이 페트라 코테스 덕분이라 믿고 있었다. 그래서 결혼하여 아이가 태어나고 나서도, 페르난다의 동의를 얻어 페트라 코테스를 가축의 곁에서 떨어지지 못하게 하며 그녀와 함께 살았다.

조용한 노년의 즐거움을 위해 아우렐리아노 부엔디아 대령이 다시 작업실의 문을 열었을 때, 아우렐리아노 세군도는 금세공의 물고기를 만드는 것도 나쁘지 않다고 생각했다. 그는 대령이 덥고 작은 방에서 몇 시간이고 물고기를 만드는 것을 바라보기도 했다. 그러나 몹시 힘이 드는 일이라는 느낌이 들었고, 페트라 코테스의 모습이 자꾸 떠올라 3주 후에는 작업실에서 완전히 모습을 감추었다.

이 무렵, 페트라 코테스는 토끼 제비뽑기 장사를 해 보면 어떨까 생각하고 있었다. 토끼가 눈부신 속도로 번식했기 때문에 당첨 번호표를 파는 것이 모자랄 지경이었다. 페트라 코테스는 며칠 뒤에 토끼 대신 암소 한 마리를 들여놓았다. 2개월 후에 암소는 세 쌍둥이를 낳았다. 이것이 시초였다. 하룻밤 사이에 아우렐리아노 세군도는 넓은 토지와 많은 가축의 소유자가 되었다. 그는 저절로 웃음이 나왔고, 마음이 들떠 뭔가 굉장한 일을 하지 않을 수가 없었다.

어느 날 아침에 그는 기분 좋은 얼굴로, 저택 안팎에 1페소짜리 지폐를 철썩철썩 붙이며 돌아다녔다. 돈을 뿌리는 이 모습을 보려고 마을 사람들이 몰려왔다. 아우렐리아노 세군도는 침실과 저택의 정면에서 뒷문까지 지폐를 다 붙이고 나자 나머지 돈을 안뜰에 뿌렸다. 이를 보고 우르술라는 석회벽에 붙어 있는 지폐를 낱낱이 뜯어 내고 나서, 저택을 흰색 페인트로 다시 칠하도록 하고는 기도했다.

"오 하느님, 저승에서 이 낭비 때문에 벌을 주시면 안 됩니다. 제발 옛날 우리가 이 마을을 세우던 시절처럼 저희들을 가난에 쪼들리게 하소서."

그러나 그녀의 기도는 효험이 없었다.

한편, 호세 아르카디오 세군도는 누구도 예상치 못한 대담한 계획을 추진하고 있었다. 상상력도 부족하고 기력도 부족해 보이는 그에게, 바다에서 12킬로미터나 올라온 곳에 있는 선체가 검은 에스파냐 범선 애기를 꺼낸 것은 아우렐리아노 부엔디아 대령이었다. 단순한 공상거리로 생각하고 있던 그 얘기를 듣고 호세 아르카디오 세군도는 가지고 있던 닭을 팔았다. 그리고 일꾼을 고용하고 도구를 사들인 후에 돌을 깨고, 운하를 파고, 폭포까지 고르게 하는 어려운 작업에 착수했다. 강에 배를 띄울 수 있다는 것을 알았을 때 그는, 자신의 계획을 동생에게 얘기하여 사업에 필요한 자금을 내놓게 했다.

사실 그는 오랫동안 마콘도에서 떠나 있었다. 그리고 배를 사겠다는 그의 계획은, 동생의 돈을 가지고 도망치기 위한 핑계라는 소문이 파다하게 퍼져 있었다. 그러나 얼마 지나지 않아 기묘한 배 한 척이 가까이 다가오고 있다는 소식을 듣고, 호세 아르카디오 세군도의 대사업을 이미 잊고 있었던 마콘도 주민들은 강가로 달려갔다. 그러나 이 고장에 처음이자 마지막으로 정박했던 그 배는 스무 명의 사나이가 두툼한 밧줄로 끌 수 있는 뗏목에 불과했다.

그러나 호세 아르카디오 세군도는 결코 사업의 실패를 인정하지 않았다. 오히려 자신의 행위를 강한 의지의 승리라고 자화자찬했다. 또 동생의 돈을 한 푼의 오차도 없이 갚고서 싸움닭을 기르던 옛날 생활로 돌아갔다.

그러나 이 일로 인해 마콘도에는 새로운 바람이 불었다. 창부들이 들어오면서 거리에 일본식 초롱이 매달리고, 고풍스러운 손풍금 소리가 들려오는 거리로 바뀌었다. 또 카니발을 개최하여 3일 동안 마콘도를 난장판으로 만들어 놓기도 했다.

한편, 그 카니발의 여왕으로 미녀 레메디오스가 선발되었다. 증손녀의 미모를 평소부터 염려해 오던 우르술라도 그것을 말릴 힘은 없었다. 그 때까지도 우르술라는 아마란타와 함께 미사에 갈 때를 제외하고는, 그녀를 혼자서 밖으로 내보낸 적이 없었다. 미사에 갈 때에도 검은 면

사포로 반드시 얼굴을 가리게 했다. 그러나 믿기지 않을 만큼의 미모라는 소문이 퍼져, 신앙과는 상관 없는 사나이들까지 그녀를 보러 교회에 들렀다.

마을 사람들은 초록색 골덴 양복과 자수가 놓인 조끼를 입고 마을에 나타난 한 사나이 또한 미녀 레메디오스의 매력에 끌려왔을 거라고 생각했다. 그 사나이는 마콘도 사람들과 일체 사귀지 않았다. 그러나 어느 일요일 아침에 노란 장미를 들고 와서는 미사가 끝날 무렵, 미녀 레메디오스 앞에 가더니 그 꽃을 바쳤다. 그녀는 태연하게 그 꽃을 받았고 잠깐 얼굴을 보이며 감사의 미소를 보냈다. 그저 그것뿐이었지만, 그 곳에 있던 남자들은 그 장면을 잊을 수가 없었다. 그 날부터 그 사나이는 미녀 레메디오스의 창문 밑에 악대를 보내어 연주를 시켰다. 때로는 새벽녘까지 연주하기도 했다. 아우렐리아노 세군도만이 그를 동정하며 단념하라고 권했다.

그러나 그의 최대의 비극은 아무리 국왕처럼 옷을 차려입고 교회에 나타나도, 미녀 레메디오스가 거들떠보지도 않는다는 사실이었다. 사춘기에 접어든 후 산타 소피아 데 라 피에다는 그녀를 욕실에 넣고 옷을 갈아입혔다. 레메디오스가 자기 똥을 묻힌 작대기로 벽에 동물 그림 따위를 그리지 못하도록 감시해야 했기 때문이었다. 그녀는 스무 살이 되어도 읽고 쓰기를 하지 못했고, 식탁에서 나이프와 포크를 사용할 줄 몰랐다. 또 알몸으로 활보하고 다녔다.

아우렐리아노 부엔디아 대령은, 그녀는 모두가 생각하는 것처럼 발달이 늦은 아이가 아니라 오히려 그 반대라고 말했다.

"그 애는 20년이나 전쟁터에서 싸워 온 인간 같다니까."

우르술라는 레메디오스가 보기 드문 순결한 마음을 가진 것에 대해 하느님께 감사했으나, 동시에 그녀의 미모에 불안해했다. 이 때문에 우르술라는 그녀를 세상에서 멀리하게 하고, 모든 지상의 유혹에서 지켜 주고자 했던 것이다.

그 무렵 아우렐리아노 부엔디아 대령은 세상과는 담을 쌓고 있었다. 국내 실정에도 둔감해져 갔고, 작업장에 죽치고 앉아 외부 세계와는 단절한 채 물고기 금세공에만 열중했다. 대령은 국내 정세에 대해 알고 싶어하지도 않았다.

사람들은 금세공 덕분에 그가 많은 돈을 벌었을 것이라 생각했다. 그러나 우르술라는 그 소문을 듣고 웃음을 터뜨렸다. 사실 대령은 물고기의 세공물을 팔아 금화를 사들였으나, 당장 그 금화를 물고기의 세공물로 만들어 이 작업을 끝도 없이 계속했던 것이다. 따라서 팔리면 팔릴수록 일을 많이 하였고 지겹지도 않은지 되풀이해서 그 일을 했다.

처음 얼마 동안은 저녁때가 되면, 헤르네르도 마르케스 대령이 찾아와 둘이서 지난 시절을 이야기했다. 그러나 마르케스 대령은 아마란타가 마음속에 되살아나자, 특별한 일이 없으면 찾아오지 않았다. 중풍으로 쓰러진 후에는 아예 그 모습을 보이지 않았다. 새로운 일이 있어도 도무지 관심을 보이지 않는 아우렐리아노 부엔디아 대령은 평온한 노년은 고독하게 살아가는 것이 최선인 것처럼 생각하는 듯했다.

한편 미녀 레메디오스가 카니발의 여왕으로 뽑혀 대령의 이름이 다시 세상에 드러나면서, 사람들은 불안한 마음이 생겼다. 카니발의 열광적인 분위기가 절정에 이르고 아우렐리아노 세군도도 기쁨으로 군중 속을 헤치며 다닐 때, 상상을 초월하는 미인을 금빛 가마에 태운 가장행렬이 시작되었다.

마콘도 주민은 에메랄드 왕관과 흰 수달 모피를 두른 눈부신 미녀의 얼굴을 보려고 했다. 한밤중에는 베드윈 족으로 가장한 다른 지역 사람들도 축제에 참가하여 화려한 폭죽을 올렸다. 곡예사의 묘기를 통해 축제는 더욱 화려해졌다. 그런데 이 소란 속에서 느닷없이 누군가가,

"자유당 만세! 아우렐리아노 부엔디아 대령 만세!"

하고 외쳤다.

순식간에 폭죽 소리 대신 총성이 울렸다. 공포의 외침으로 음악은 사라졌고, 환희는 공포 상태로 돌변했다. 몇 해가 지나도 이 고장에 오는 사람들은, 새로 온 여왕의 근위대가 소총을 숨겨 온 정규군이었다고 생각했다. 정부는 특별히 성명을 내어 이 비난을 반박했고, 유혈 사건에 대한 철저한 조사를 행하겠다고 했다. 그러나 진상은 밝혀지지 않았다.

공포의 도가니 속에서도 호세 아르카디오 세군도는 미녀 레메디오스를 무사히 구출해 냈다. 또 그는 옷이 찢어지고 흰 수달의 망토에 피가 낭자한 가장행렬 속의 한 여인을 자기 집으로 데려왔다. 그녀의 이름은 페르난다 델 카르피오였다. 그녀는 전국 5천 명의 미인 가운데 가장 아름다운 여자로 선발되어, 마다가스카르 여왕으로 만들어 주겠다는 약속을 받고 마콘도로 끌려왔다고 했다. 우르술라는 그녀를 마치 자기 딸처럼 보살펴 주었고, 마콘도 사람들도 그녀를 전혀 의심하지 않았다. 오히려 그녀를 동정했다.

학살이 있은 지 반 년이 지나자, 아우렐리아노 세군도는 페르난다 델 카르피오가 살던 먼 고장까지 찾아가 그녀의 아버지에게 인사를 하고, 마콘도에서 결혼식을 올렸다.

12

신혼 4개월 만에 하마터면 아우렐리아노 세군도와 페르난다는 이혼할 뻔했다. 아우렐리아노 세군도가 페트라 코테스의 기분을 맞추기 위

해 마다가스카르 여왕으로 분장한 페트라 코테스의 사진을 촬영했던 것이다. 이 사실을 알고 페르난다는 한 마디 인사도 없이 마콘도를 떠났다. 늪지로 가는 큰길에서 아우렐리아노 세군도는 간신히 그녀를 따라잡았다. 그는 싹싹 빌며 두 번 다시 그런 일이 없을 것이라는 약속을 하고서야 그녀를 집으로 데려왔다.

페르난다가 태어나 자란 곳은 음산한 마을이었다. 묘석을 깔아 만든 듯한 넓은 저택에는 거의 햇살이 들어오지 않았다. 페르난다는 사춘기가 될 때까지 근처의 집에서 들려오는 피아노의 슬픈 곡조 외에는 세상과의 접촉이 없었다. 어린 시절 그녀는, 환한 밤에 흰옷을 걸친 아름다운 여자가 마당을 가로질러 예배당으로 들어가는 것을 보았다. 얼핏 본 그 여자는 자신의 모습과 너무나 닮았기 때문에 그녀의 마음을 사로잡았다.

"여왕이었던 네 증조모님이었단다. 우리들에겐 많은 돈과 힘이 있었지. 언젠간 너도 반드시 여왕이 될 거야."
하고 어머니가 말했다. 매일매일 가난한 나날이 계속되었으나 그녀는 어머니의 말을 믿었다.

그녀는 열두 살 때 처음으로 마차를 타고 5백 미터 정도 떨어진 수도원으로 들어갔다. 이미 그 무렵부터 그녀는 빼어난 미모와 기품과 정숙함을 보여 귀부인의 품격을 갖추고 있었다. 그녀는 누구와도 친하지 않았고, 나라 전체가 전쟁 얘기로 들끓을 때도 그녀의 귀에는 전쟁 소식이 들리지 않았다.

세월이 흘러 그녀가 여왕의 꿈을 버리기 시작할 무렵의 어느 날, 대문을 두드리는 요란한 소리가 들렸다. 문을 열자 가슴에 황금 훈장을 단 정장 차림의 위엄 있는 군인이 아버지를 찾았다. 그리고 2시간 후 아버지는 그녀를 마콘도로 보냈던 것이다.

그녀에게 있어 결혼은 참된 의미의 생활이었다. 그리고 아우렐리아노 세군도에게는 행복의 시작인 동시에 종말이기도 했다. 수도원에서 자란 페르난다는 남녀가 동침을 금하는 날을 표시해 둔 달력을 갖고 있었다. 성주일, 일요일, 지켜야 할 성일, 첫 금요일, 미사, 그리고 매달 생리를 제외하면 그녀가 남편과 동침할 수 있는 날은 일 년에 불과 42일밖에 되지 않았다. 그래서 결혼을 축하하는 나날들 속에서도 신랑 신부는 각각 다른 시간에 다른 방에서 잠을 잤다. 4개월이 지나도 아내가 잠옷을 벗으려고 하지 않았기 때문에, 아우렐리아노 세군도는 여왕으로 분장한 페트라 코테스의 사진을 찍도록 했던 것이다. 아내 페르난다에게서는 깊은 슬픔밖에 느낄 수가 없었기 때문이다.

첫 아이가 태어나기 전에 페르난다는 남편이 어느 순간 페트라 코테스의 침대로 돌아간 것을 알아차렸다. 남편도 그 사실을 인정했다. 그리고 난감하다는 표정으로,

"가축이 번성하려면 그렇게 할 수밖에 없어."

하고 말했다. 페르난다는 남편의 말을 인정했고, 그리하여 세 사람은 서로 피해를 입히지 않으며 살아갔다. 아우렐리아노 세군도는 두 여자에게 자상하고 친절하게 대했다.

그런데 이런 일이 있고 나서도 페르난다는 가족들과 전혀 어울리려고 하지 않았다. 그녀는 자기의 선조 때부터 전해 내려온 예의범절을 이 집안에 심으려고 했다. 부엌에서 각자가 식사를 하고 싶은 때 하는 습관을 없애고, 삼베 식탁보와 은식기가 놓인 큰 식탁에 앉아 일정한 시간에 식사를 하도록 했다.

저녁 식사 전에 기도를 하는 규칙이 생겨나면서부터, 이 가족은 식탁에 앉아서 식사를 하는지 미사를 드리는지 알 수 없다는 소문이 파다하게 나돌았다. 따라서 우르술라의 미신과 양친에게 교육을 받아 체계적

으로 정리가 된 페르난다의 삶의 원칙들이 서로 충돌하였다.

페르난다는 대령과 얼굴을 대하는 것도 교묘하게 피했다. 대령의 자유분방함이나 사회의 엄격한 관습에 대한 반항을 싫어했던 것이다. 대령이 5시에 커피를 마시는 것이나 작업장의 난잡함, 저녁이면 바깥문에 앉아 있는 버릇 따위가 비위에 거슬렸다. 그러나 가족이기에 그 존재를 그저 묵인했다.

남편이 장남에게 증조할아버지의 이름을 지어 주었을 때는 그녀가 이 집에 온 지 아직 일 년밖에 되지 않았기 때문에 반대할 용기가 없었다. 그러나 딸이 태어났을 때는 자기 어머니의 이름을 따서 레나타로 하자는 말을 아무 눈치도 보지 않고 했다. 하지만 우르술라는 레메디오스라는 이름을 지어 주려고 해서 심한 말다툼이 계속되었다. 그러자 아우렐리아노 세군도가 웃으며 중재를 했다. 결국 레나타 레메디오스라고 이름을 정했다. 그러나 페르난다는 끝까지 레나타로 불렀고, 가족들과 마콘도 사람들은 레메디오스의 애칭인 메메라고 불렀다.

시간이 지나면서 페르난다는 친정 아버지를 이상적인 인간으로 치켜세우기 시작했다. 가족의 평화를 염려하여 가족간의 알력을 은근히 괴로워하고 있던 우르술라조차 약간은 비아냥거리며 말했다.

"고손자는 틀림없이 교황이 되겠어. 성자의 후손이요, 여왕과 가죽도둑의 자식이니 말이야."

아직 그 말 속의 가시를 알아차리지 못하는 아이들은 외할아버지를 전설적인 인물이라고 생각하게 되었다.

딸이 태어나고 얼마 후에 새삼스레 네르란디아 정전 협정의 체결을 기념하기 위해 아우렐리아노 부엔디아 대령의 표창식을 거행한다는 정부의 발표가 있었다. 이제까지의 태도와는 너무나 다른 결정이었기 때문에 대령은 심하게 반발하며 상을 거부했다.

그러나 금세공의 비좁은 작업실은 사절들로 넘쳐났다. 예전에 까마귀처럼 대령의 주변을 날아다니던 속이 시커먼 변호사들이 다시 모습을 드러냈다. 대령은 역겨운 생각을 참지 못하고, 강한 어투로 자신을 그대로 두라고 말했다. 자신은 정부에서 말하는 국가의 공신인지 뭔지도 아니고, 아무 생각 없는 일개 장인으로 물고기 금세공을 파는 사람이며 여기서 죽는 것이 유일한 소망이라고 완강하게 말했다.

결국, 표창식 축전에는 가족 중 한 사람도 출석하지 않았다. 그것이 카니발과 겹친 것은 정말 우연이었으나, 아우렐리아노 부엔디아 대령은 정부가 전시 효과를 노리려고 고의로 꾸민 일이라고 생각했다. 외로운 작업실까지 군악대의 연주와 축포, 축하의 종소리가 들려왔고, 대령의 이름을 외치며 집 앞에서 행하는 연설 소리도 들려왔다.

대령은 노여움과 심한 무력감으로 눈물을 흘렸다. 패배 이후 처음으

로 보수 정권을 전복하기 위한 싸움을 시작하려고 해도, 이제 자신에게
는 기력이 남아 있지 않아서 슬펐다.

식이 끝나기 전에 우르술라가 문을 두드렸다. 대령이 문을 열자 열일
곱 명의 사나이들이 문 앞에 서 있었는데, 모두 대령의 아들들이었다.
그들은 서로 만나기로 약속한 바도 없었고, 서로 얼굴을 본 적도 없었
다. 다만 축전의 소문을 듣고 여기저기서 모여든 것이었다. 모두 자랑스
럽게 아우렐리아노라는 이름과 어머니의 성을 가지고 있었다.

우르술라는 기뻐했고 페르난다는 화를 냈다. 대령의 아들들이 이 집
에 묵은 3일 동안은 전쟁과 같은 소란이 계속되었다. 아마란타는 우르
술라가 손자들의 이름과 생일과 세례 날짜를 적어 둔 서류 뭉치를 찾아
내어 여백에 현재의 주소를 써 넣었다. 이 리스트를 보면 전쟁의 경로
를 대충 더듬어갈 수 있었다. 대인 관계가 좋지 않은 호세 아르카디오
세군도까지 온종일 그들을 위해 닭싸움 모임을 베풀었다.

아우렐리아노 세군도는 이 어처구니없는 숫자의 식구들이 있으면 앞
으로 얼마든지 재미있는 일들을 만들 수 있을 것이라 생각하고, 모두
이 고장에 남아 그와 함께 일하자고 권했다. 그러나 그의 말을 들은 사
람은, 할아버지의 격렬한 성격과 탐구심을 이어받은 거구의 사나이 아
우렐리아노 토리스테 한 사람뿐이었다. 그는 이미 세상을 두루 돌아다
닌 경험이 있어서 어디에 머물건 마찬가지라 생각했던 것이다.

그가 이 고장에 와서 여러 달이 지나 사람들에게 이름이 알려졌을 무
렵이었다. 아우렐리아노 토리스테가 어머니와 독신의 누이동생(그녀는
대령의 딸이 아니었다.)을 위해 집을 찾고 있을 때, 광장 모퉁이에 황폐
해져 있는 한 채의 집이 눈에 띄었다. 근처 사람에게 소유자의 이름을
묻자, 한때 벽의 석회와 흙을 먹는 버릇이 있는 오갈 데 없는 과부가 살
고 있었으나, 지금은 살지 않는다고 했다. 그 저택에 들어섰을 때, 녹이

슬어 망가지고 칭칭 엉겨 있는 거미줄로 간신히 붙어 있는 문짝, 습기로 꿈쩍도 하지 않는 창문, 잡초나 야생꽃 사이에 도마뱀이나 갖가지 벌레들이 판을 치고 있어, 그는 적어도 50년은 이 곳에 사람이 살지 않았을 것이라고 추측했다.

호기심이 강한 그가 정면의 문짝을 어깨로 밀고 들어서자, 홀의 중앙에 지난 세기에나 입었을 법한 옷을 걸친 비쩍 여윈 여자가 서 있는 것이 보였다. 벗겨진 머리에 약간 남아 있는 머리카락, 희망은 사라졌지만 아직 아름다운 큼직한 눈, 삭막하고 고독한 생활로 거칠어진 얼굴, 귀신과 같은 모습에 소름이 끼친 아우렐리아노 토리스테는 여자가 낡은 권총의 총구를 자기에게 겨누고 있는 것도 보지 못했다. 그녀는 잡동사니가 널려 있는 홀의 한복판에서 꼼짝도 하지 않은 채, 건장한 사나이를 뚫어져라 쳐다보고 있었다.

이날 저녁 식사 때, 아우렐리아노 토리스테는 이 사건을 가족들에게 얘기했다. 그 얘기를 듣자 우르술라가 울먹이며 말했다.

"레베카가 여태까지 살아 있었구나!"

전쟁의 소동, 헤아릴 수 없을 만큼의 불행한 사건들로 인해 우르술라는 레베카의 일을 까맣게 잊고 있었던 것이다. 레베카가 살아 있다는 것, 그리고 벌레 구멍 같은 곳에서 죽어 가고 있다는 것을 한시도 잊은 적이 없는 사람은 집념이 강한 아마란타 한 사람뿐이었다. 아마란타는 결코 레베카를 잊지 않았다. 심장이 얼어붙을 듯한 추위에 겁을 먹고 눈을 뜬 새벽에도, 홀로 자는 침대에서 그녀는 레베카를 생각했다. 아마란타를 통해 미녀 레메디오스도 레베카의 존재를 알고 있었다. 아마란타는 무너져 가는 저택 앞을 지날 때마다 불쾌했던 사건의 치욕스런 소문을 들려주며, 자기가 죽고 난 후에도 자기의 원한을 조카에게 심어주고 싶었던 것이다.

하지만 우르술라의 마음에는 레베카와 관련된 모든 불순한 일들이 기억에서 사라지고 없었다. 처음 자기 집에 왔던 어린아이의 모습이 너무나 생생했다. 한 집안 식구로서는 생각할 수도 없는 수치스러운 일을 범했지만 레베카가 불쌍해 보였다. 아우렐리아노 세군도는 레베카에게 집으로 돌아와 조용한 노후를 보낼 것을 권했지만, 레베카는 완강히 거절했다.

2월이 되어 아우렐리아노 부엔디아 대령의 열일곱 명의 아들들이 다시 모였을 때, 아우렐리아노 토리스테는 그들에게 레베카에 관한 이야기를 꺼냈다. 그들은 반나절 만에 레베카가 머무는 집을 원상태로 만들었다. 문과 창문을 바꾸고 정면을 밝은 빛으로 칠했으며, 벽에는 버팀목을 대고 바닥에는 다시 시멘트를 발랐다. 그러나 집 안에 손을 대는 것은 끝내 허락을 얻지 못했다. 레베카는 수선스러운 집수리가 끝나기를 기다려 경비를 정확히 계산해 주었다. 그러나 그 돈은 지난번 전쟁이 끝난 후 이미 못쓰게 된 돈이었다. 그것을 본 대령의 아들들은 그녀가 얼마나 세상을 등지고 살았는지를 알 수 있었다. 그리고 그녀에게 숨을 쉴 수 있을 정도의 힘이 남아 있는 이상, 이 은폐된 생활에서 끌어 내는 일은 불가능하다는 사실도 깨달았다.

대령의 아들들이 두 번째로 마콘도를 찾아왔을 때, 아우렐리아노 센테노가 남아서 아우렐리아노 토리스테의 일을 도와주기로 했다. 친절한 마음씨와 놀라운 재능이 있는 그는, 단시일 동안에 얼음 생산력을 높여 늪지의 다른 도시와의 거래를 확장했다. 그래서 아우렐리아노 토리스테는 사업의 근대화를 위해, 도시를 외부 세계와 연결할 결심을 했다.

"그래, 철도를 부설하는 거야."

그는 서두르지 않고 착실하게 그 실현을 도모했다. 아우렐리아노 세군도는 허황스러운 형의 선박 회사의 경우와 마찬가지로, 아우렐리아노 토리스테에게 철도를 부설하기 위한 자금을 선뜻 내주었다. 그리고 토리스테는 우기가 끝날 무렵 돌아올 계획으로 출발했다. 그러나 이후 그는 소식이 없었다.

얼음 공장에서 올리는 큰 이익에 흡족해한 아우렐리아노 센테노는, 물 대신 과즙을 사용한 얼음 제조의 실험에 착수해 샤벳 제조의 기본 원리를 터득했다. 우기가 지나고 여름이 지나도 아우렐리아노 토리스테에게 아무 소식도 없고 돌아올 기미가 없자, 회사가 완전히 자기 것인 양 생산을 다양화했다.

그런데 두 번째 돌아오는 첫 겨울의 어느 날, 우렁찬 울림이 있는 피리 같은 소리가 들리며 온 도시가 진동했다. 이미 몇 주일 전부터 침목이나 철로를 부설하고 있는 많은 인부들의 모습이 보였다. 피리 같은 소리와 거친 소란스러움이 그치자 주민 모두가 밖으로 뛰쳐나왔다. 그랬더니 아우렐리아노 토리스테가 기관차 위에서 손을 흔들고 있었다. 그는 예정보다 8개월이나 늦게 이 고장에 도착했다. 사람들은 처음 보는 기차에 넋을 잃었다.

13

마콘도 사람들은 아우렐리아노 토리스테가 운반해 온 많은 신기한 발명품에 들떠 있었다. 그러나 기차의 시끄러운 소리에 익숙해지기 위해서는 상당한 시간과 인내가 필요했다.

극장에 가서 영화를 보게 된 사람들은 그 생생한 영상에 화를 내기도 했다. 주인공들의 운명에 함께 웃고 울던 관객들은, 이 어처구니없는 영상이 실제로 일어난 일이 아니라는 것을 알고는 의자를 부숴 엉망으로 만들어 버렸다. 자신들의 고생만으로도 충분한데, 만들어 낸 인간들의 불행으로 눈물까지 흘린 것을 억울하게 생각했던 것이다.

축음기가 보급되어 집집마다 한 대씩 있어도 사람들은 그것을 어른용 오락기구라기보다는 아이들이 분해하며 즐기는 물건으로만 여겼다. 또 철도역에 놓인 전화를 보자, 무서움과 의심으로 동요하기도 했다.

철도가 정식으로 개통되어 열차가 다니기 시작하고, 책상과 전화와 개찰구가 있는 목조의 역사가 세워진 무렵부터 마콘도 거리에서 서커스 광대로 보이는 남녀들을 볼 수 있게 되었다. 집시에게 너무나 많은 속임을 당했던 마을 사람들은 이 행상인들에게는 속지 않을 것이라 다짐했지만, 행상인들은 마음 약한 마콘도 사람들을 상대로 막대한 이익을 올리고 있었다.

어느 수요일, 승마 바지에 헬멧, 토파즈색 눈과 비쩍 마른 닭 같은 피부의 미스터 허버트란 사람이 부엔디아 집에서 점심 식사를 하게 되었다. 그는 미국 사람이었다. 하코브 호텔에 방이 없다는 말을 듣고는 서투른 에스파냐 말로 항의하고 있던 그를, 아우렐리아노 세군도가 우연히 발견하고 자기 집으로 데려온 것이다.

그는 공중에 띄워 두는 경기구를 팔았는데 이미 세계의 절반을 여행하며 큰 이익을 올린 사람이었다. 그러나 집시들의 날으는 양탄자를 알고 있던 마콘도 사람들은 경기구를 시대에 뒤떨어진 발명품으로 여기고 외면했다. 결국 그는 다음 열차로 이 고장을 떠나려 했다.

그런데 점심때 바나나를 먹으며 생각을 바꾸었다. 얘기를 나누며 별로 내키지 않는 듯 먹기 시작했던 바나나 한 송이를 다 먹어치우고, 또 한 송이를 부탁했다. 그러고는 자신의 도구상자에서 렌즈와 저울, 칼 등을 꺼내 보석 매수인처럼 바나나를 자세히 조사했다. 또 다른 몇 가지 도구를 꺼내 기온과 습도와 광선의 강함도 측정했다.

이후 그는 토목기사와 농업기사, 수문학자와 지형학자, 측량기사 등을 불러들여 무언가를 연구하기 시작했다.

외부 사람들이 들어오면서 창녀들도 들어왔고, 거리에는 여러 전문점들이 속속 들어서기 시작했다.

터키 인 거리는 요란스러운 옛날 시장과는 달리 수입품 전문점으로 번창했고, 토요일 밤에는 많은 건달들로 들끓었다. 그들은 도박장이나 사격장, 꿈 풀이가 행해지고 있는 뒷골목이나 음료를 파는 가게로 밀려와 행복에 취해 있기도 했고, 식칼과 술병을 휘두르며 싸움질을 하기도 했다.

얼마 되지 않는 시간 동안 많은 변화가 일어났기 때문에, 미스터 허버트가 온 지 8개월이 지났을 무렵에는 마콘도의 주민은 이 곳이 자기네 고장이라고 생각할 수 없을 정도였다. 한 미국인에게 권한 바나나 때문에 난리가 벌어지고 말았던 것이다.

그러나 아우렐리아노 세군도는 외부 사람들이 마콘도에 쇄도해 들어오는 것이 기쁘기만 했다. 집 안은 생전 보지도 못한 손님들이나 건달들로 넘쳐났다. 때문에 안뜰에 침실을 증축하고 식당을 넓혔으며, 식탁을 16인용으로 바꾸었고, 새 식기를 갖추었다. 그러나 여전히 점심때가 되면 차례를 정해 식사를 해야 했다.

페르난다는 난폭한 욕설을 퍼부어 대고 아무 데서나 낮잠을 자는 못된 손님들을 마치 임금님처럼 식사 대접을 해야 했다. 아마란타는 이 천한 녀석들에게 놀라서 옛날처럼 부엌에서 식사를 하기도 했다. 아우렐리아노 부엔디아 대령은 작업실로 인사를 오는 사람들이 호의나 존경의 마음이 아니라, 그저 박물관에 와서 역사적 유물을 보는 듯한 호기심으로 온다는 것을 알고는 문을 잠갔고, 방 밖으로 나오지도 않았다. 반면에 우르술라는 벽을 붙들고 발을 끌며 걸을 수밖에 없을 정도의 나이가 되었는데도, 열차 시각이 가까워오면 아이들처럼 즐거워했다.

미스터 허버트가 온 지 일 년이 지났는데도 사람들이 그에 대해 알고 있는 것은, 그가 이 고장에서 바나나를 재배할 것이라는 사실뿐이었다. 그러나 그 바나나 열풍으로 사람들이 몰려들면서 이유 없이 여기저기서 낯선 사람들이 따라서 몰려왔다. 미녀 레메디오스만이 이 바나나 열병에 걸리지 않았다. 그녀는 언제까지나 소녀 시절의 아름다움을 간직하고 있었고, 형식적인 것에 대해서는 점점 더 무관심해졌다.

그녀는 여자들이 왜 답답한 코르셋이나 패티코트를 입는지 이해할 수 없었다. 그녀는 머리부터 뒤집어쓰기만 하면 되는 긴 삼베옷 하나로 버티었다. 그녀의 이 소박한 생활 태도는 놀랍게도 더욱더 남성들의 마음을 사로잡았다. 아우렐리아노 부엔디아 대령의 아들들이 처음 마콘도에 찾아왔을 때, 우르술라는 공포로 몸을 떨며 레메디오스에게 충고했다.

"조심해라. 이 아이들 중 누구하고라도 이상한 짓을 하면, 돼지 꼬리가 달린 아이가 태어날 거야."

그러나 이 충고도 소용 없었다. 그녀는 남장을 하고 모래톱 위를 뒹굴거나 기둥 올라가기 놀이를 해서 차마 눈으로 볼 수 없는 광경에 마음이 설레던 열일곱 명의 삼촌들과 하마터면 비극을 일으킬 뻔했다. 이 때문에 그들은 집에서 묵지 않았다. 미녀 레메디오스는 이 지상에 있는 동안은 마지막 순간까지, 남자의 마음을 미치게 하는 여자라는 숙명을 안고 살아야 했다.

가족들은 알지 못했으나 미녀 레메디오스의 몸에서는 머리가 빙빙 돌 만큼 강렬한 냄새가 나서 외부에서 온 사람들을 취하게 했다. 사랑의 괴로움을 익히 경험하고 세파에 닳은 남자들조차 레메디오스의 체취를 느끼면 그녀에게 사로잡혔다. 자기가 움직이며 돌아다닐 때마다 생기는 불안한 공기를 알지 못하는 미녀 레메디오스는 순진하고 상냥하게 남자들을 대했으나, 그것이 오히려 남자들의 마음을 어지럽혔다.

그녀는 우르술라의 조치에 따라 타관 사람들의 눈에 띄지 않도록 아마란타와 부엌에서 식사하는 것을 오히려 기뻐했다. 장소가 어디든 정해진 시간이 아니라, 하고 싶을 때 식사를 하는 것이 좋았던 것이다. 새벽 3시에 식사를 하고 낮에는 계속 잠을 자는 경우도 종종 있었다.

정상적인 상태에서도 아침 열한 시에 기상하여 실오라기 하나 걸치지 않은 알몸으로, 두 시간이나 욕실에 앉아서 전갈을 쫓으며 졸음을 쫓기도 했다.

어느 날, 그녀가 막 목욕하러 들어가려고 하는데, 어떤 사나이가 지붕의 기왓장을 벗겨 내고 있었다. 그는 그녀의 나체를 보는 순간 그 아름다움에 숨을 죽였다. 그녀가 놀라서,

"조심해요! 떨어져요!"

하고 외치자, 그는 속삭이듯

"그저 당신을 만나고 싶어서……."

하고 말했다.

미녀 레메디오스는 순전히 기왓장이 깨질까 봐 평소보다 일찍 목욕을 마쳤다. 그녀가 몸을 닦고 있는 동안 남자는 눈물을 글썽이며 자기와 결혼해 달라고 애원했다. 그러자 그녀는 여자가 목욕하는 장면을 한 시간이나, 그것도 점심조차 잊은 채 보고 있는 그런 바보 같은 남자와는 결혼할 생각이 추호도 없다고 대답했다. 그는 기왓장을 들어내고 욕실로 내려오려고 했다. 그 때 묵은 기왓장이 요란스러운 소리를 내며 갈라졌고, 남자는 '앗!' 하는 한 마디 소리와 함께 바닥에 떨어져 죽고 말았다.

레메디오스로 인해 사람이 죽게 되자, 사람들은 레메디오스가 죽음의 향기를 발하고 있다고 생각하게 되었다.

몇 달 후, 미녀 레메디오스는 친구들과 새 농장을 보러 갔다. 처녀들

일행이 들어선 순간, 사방에 죽음의 내음이 풍겨왔다. 나무 사이에서 작업을 하던 남자들이 여자들을 겁탈하려고 했다. 겁을 먹은 레메디오스 일행은 간신히 근처 집으로 피했다.

레메디오스는 아무에게도 말하지 않았지만, 그 소동이 벌어진 사이에 어떤 음흉한 손이 그녀의 아랫배를 쓰다듬었다. 그 순간 그녀는 현기증을 느끼며 남자의 얼굴을 노려보았는데, 그 남자의 애절한 눈빛이 그녀의 마음에 강하게 새겨졌다.

이날 밤, 그 남자는 자기가 겪은 일을 떠벌렸다. 그러나 얼마 후, 그는 거리 한복판에서 말에게 가슴을 차여 피를 토하고 정신을 잃었다. 이제 사람들은 미녀 레메디오스에게 죽음을 불러오는 힘이 있다고 확신하게 되었다.

그 후로 우르술라는 그녀의 뒷바라지를 해 주려고 하지 않았다. 아마란타 역시 꽤 오래 전부터 그녀를 쓸모 있는 인간으로 만들려는 노력을 포기하고 있었다. 아마란타는 레메디오스의 지능이 모자란다는 간단한 결론을 내리고 있었다.

페르난다는 그녀를 이해하려고도 하지 않았다. 그 피비린내 나는 카니발에서 여왕 복장을 한 미녀 레메디오스를 보았을 때, 그녀는 레메디오스를 멋있는 처녀라고 생각했다. 그러나 손가락으로 식사를 하고, 어린아이 같은 말밖에 주고받을 줄 모른다는 사실을 알고는 집안의 골칫거리로밖에 여기지 않았다. 그러나 아우렐리아노 부엔디아 대령은 레메디오스야말로 지금껏 만나 본 인간 중에 제일 머리가 좋다고 믿었다. 언제나 사람들을 골려 주는 것을 보면 그걸 알 수 있다고 생각했고, 그래서 그녀의 행동에 일체 참견하지 않았다.

레메디오스는 고독의 사막을 헤매며, 편안한 수면과 끝도 없는 목욕, 일정치 않은 식사 시간과 깊은 침묵 속에서 성장해 갔다.

어느 3월의 오후, 페르난다가 홑이불을 개려고 온 집안의 여자들에게 도움을 청했다. 아마란타는 막 일을 시작하려다가 레메디오스의 얼굴이 투명하도록 창백한 것을 알아챘다.

"어디 아프니?"

"아뇨. 그 반대인걸요. 이렇게 기분 좋은 날은 처음이에요."

그녀가 이렇게 말하는 순간, 페르난다의 손에 있던 홑이불이 산들바람에 활짝 펼쳐지면서 그 홑이불을 붙잡고 있던 레메디오스의 몸이 공중으로 떠올랐다. 레메디오스는 눈부시게 펄럭이는 홑이불에 감싸여 춤을 추듯 올라가며 이별의 손을 흔들었다. 그리고 바람 속을 빠져 나가 아주 높은 곳으로 영원히 모습을 감추고 말았다. 물론, 타관 사람들은 승천 얘기는 엉터리이며 가족들이 체면을 세우려고 그런 말을 하고 있다고 생각했다.

페르난다는 어쩔 수 없이 기적을 인정하고 한동안 홑이불만이라도 돌려달라고 하느님께 기도했다. 이 고장 사람들은 이 기적을 믿고서 촛불을 켜고 9일 동안 기도를 올렸다. 아우렐리아노라는 성을 가진 사람들에 대한 잔혹한 학살 사건이 일어나지 않았더라면, 한동안은 이 얘기를 하며 시간을 보냈을지도 모른다.

명확한 예감이라고는 할 수 없었으나, 아우렐리아노 부엔디아 대령은 자식들의 비극적인 최후를 어렴풋이 예측하고 있었다. 아우렐리아노 세라도르와 아우렐리아노 아르카야가 마콘도에 남아 있겠다고 했을 때, 대령은 말리려고 했다. 그러나 아우렐리아노 센테노와 아우렐리아노 토리스테는 아우렐리아노 세군도의 찬성을 얻어 두 사람을 고용하기로 했다.

마콘도에 최초의 자동차를 탄 브라운 씨가 나타났을 때부터 대령은, 마콘도의 비굴한 소란을 통해 처자를 버리고 전장으로 진군했을 때와는

본질적으로 달라져 버린 사람들의 모습에 화가 치밀었다. 대령은 경찰봉을 든 맨발의 경관을 볼 때마다,

"그렇게 여러 차례 싸워서 얻은 게 뭐지? 겨우 집을 파랗게 칠할 수 있게 되었을 뿐이지."

하고 말했다.

그러나 바나나 회사가 진출해 오자 시 공무원은 거드름을 피우는 타관 사람들로 교체되었고, 종래의 경관 대신 칼을 차고 다니는 백정 같은 사내들이 배치되었다. 작업실에 박혀 있던 대령은 그런 변화를 생각하며 자신이 끝까지 싸우지 않았던 것이 잘못이었다고 생각했다.

그 무렵, 일곱 살 난 아이가 실수로 경관과 부딪쳐 제복에 음료를 쏟은 일이 있었다. 그러자 난폭한 경관은 장검으로 아이를 갈기갈기 토막 내는 것도 모자라, 그것을 말리려는 할아버지의 목까지 단칼에 베고 말았다. 이 일을 알게 된 대령은 '두고 보자! 자식들에게 총을 줘서 이 끔찍한 타관 놈들을 다 죽여 주겠다.'고 외쳤다.

이 일이 있은 지 2주도 채 안 되어 연안 각지에 흩어져 있던 대령의 열일곱 명의 아들들이 알 수 없는 사람들에 의해 죽임을 당했다. 아우렐리아노 토리스테는 저녁에 어머니의 집에서 나오다가, 어둠 속에서 날아오는 탄환에 이마가 박살이 났다. 아우렐리아노 센테노는 그물 침대 위에서 얼음을 다루는 칼쿠리 손잡이가 이마 복판에 꽂힌 무참한 모습으로 발견되었다. 아우렐리아노 세라도르는 귀가하는 도중에 권총을 맞고 끓고 있는 기름 냄비 속으로 넘어져 죽었다.

이 학살의 밤, 페르난다는 아우렐리아노 세군도의 모습을 찾아 미친 듯이 시내를 쏘다녔다. 대령과 같은 이름을 가진 자는 모두 학살된다고 믿고 있었던 페트라 코테스가 그를 옷장 속에 숨겨 주었다. 아마란타는 조카들의 신상을 기록해 둔 장부를 꺼내 사망했다는 전보가 올 때마다

이름에 선을 그었다.

이제 아우렐리아노 아마도르라는 이름의 목수 일을 하는 조카 이름만 남아 있었다. 2주일이 지나도 사망 전보가 오지 않자, 아우렐리아노 세군도는 조심하라고 심부름꾼을 보냈다. 어떤 두 남자가 심부름꾼에게 권총을 쏘았으나 다행히 그는 도망쳤고, 인디언의 도움으로 산 속으로 모습을 감추었다. 이후 심부름꾼은 아무 소식도 없었다.

대령의 아들들 장례식에 대통령의 명령에 따라 시장이 참석하고, 네 개의 화환을 보내왔다. 그러나 대령은 그것을 길바닥에 내동댕이쳤다. 아내와 사별했을 때나 또 전우들과의 죽음과는 달리, 이번에 대령이 느낀 것은 슬픔이 아닌 분노였고, 몸이 위축되는 무력감이었다.

대령은 오랫동안 마음의 평정을 찾을 수가 없었다. 금세공 물고기를 만드는 일도 하지 못하고 음식도 제대로 먹지 않았다. 담요를 끌면서 화가 난 듯 뭔가를 중얼거리며 몽유병자처럼 집 안을 돌아다녔다. 석 달이 지나자 그의 머리는 백발이 되었다. 대령은 절망 끝에 서서 무엇 하나 털끝만큼의 애정도 생기지 않는 남의 집에 끌려온 듯한 기분에 사로잡혔다.

어느 날 아침, 대령은 밤나무 밑에서 우르술라가 죽은 남편의 무릎에 기대어 울고 있는 것을 보았다. 대령은 잠깐 밤나무 밑에 멈춰 섰으나 그 장소에 아무런 애착도 느껴지지 않았다.

"아버님께 인사 드리렴. 네가 죽을 거라며 아주 슬퍼하고 계시단다."

"전해 주세요. 인간은 죽고 싶을 때 죽지 않고, 다만 그 시기가 오면 죽는다고요."

죽은 아버지의 예감은 그의 마음에 희미하게 남아 있던 자존심을 환기시켜, 새로운 힘이 솟는 것 같았다. 그래서 그는 성 요셉의 석고상에서 발견된 금화가 안뜰 어디에 있는지 장소를 가르쳐 달라고 우르술라를 졸랐지만 그녀는 단호했다.

"머지않아 그 금의 소유자가 나타날 거야. 그걸 파낼 수 있는 사람은 그 사람뿐이다."

평생 그렇게도 무관심했던 대령이 왜 돈타령을 하는지 그 이유를 아는 사람은 아무도 없었다. 그는 약 8개월 가량 여기서 조금, 저기서 조금씩 우르술라가 숨겨 둔 것보다 더 많은 돈을 모았다. 그리고 전면적인 전쟁을 일으키기 위해 도움을 구하고자 마르케스 대령을 찾아갔다.

헤르네르도 마르케스 대령은 세 차례의 암살에서 살아났고, 다섯 차례의 부상에도 굴하지 않고 끝없는 전투 속에서 몸을 지켜왔으나, 이제 나이가 들어 지쳐 있었다. 대령이 그를 찾아가 외국에서 들어온 침입자들의 부패하고 더러운 정권을 뿌리째 뽑을 반란을 일으키자고 했을 때, 그는 자기도 모르게 탄식했다.

"아우렐리아노! 늙었다는 말은 들었지만, 자네 노망난 게 아닌가!"

14

몇 해 동안 복잡한 일이 계속되어 우르술라는 호세 아르카디오를 교황으로 길러 내는 일에 마음을 쓸 여유가 없었다. 그러나 시간은 지났고, 소년이 신학교에 진학할 채비를 서둘러야 할 시기가 되었다. 페르난다의 엄격한 교육과 아마란타의 비탄 사이에서 자란 메메도 거의 같은 시기에 수녀들의 학교로 옮길 나이가 되었다.

"최근 몇 달 동안은 내 정신이 예전과는 딴판이야."

우르술라는 일상의 현실이 그 손에서 빠져 나가는 것을 느끼며 자주 이런 말을 했다. 옛날에는 온종일 동물의 엿세공에 몰두한 후에도 아이들 뒷바라지를 할 여유가 있었다. 그런데 요사이는 뚜렷이 하는 일도 없는데 아침부터 밤까지 도무지 일이 진행되지 않았다.

사실 우르술라는 숫자를 망각할 정도로 나이가 들었는데도 아직 늙은 체하지 않고, 이곳 저곳을 기웃거리며 뭐든지 참견을 하고 다녔다. 그리고 타관 사람들을 볼 때마다 전쟁 동안에 비가 개일 때까지 이 집에 보관해 달라고 성 요셉의 석고상을 두고 간 기억이 없느냐는 질문을 집요하게 되풀이했다.

우르술라의 시력이 언제 나빠졌는지는 아무도 알지 못했다. 하지만 우르술라 자신은 호세 아르카디오가 태어나기 전부터 그것을 알고 있었다. 처음 전등이 들어왔을 때에도 희미하게 밝음을 느낀 정도가 고작이었다. 우르술라는 아무에게도 그 사실을 말하지 않았다. 쓸모 없는 몸이 됐다고 광고하는 것 같았기 때문이었다.

이후에 그녀는 냄새가 생각 외로 쓸모가 있다는 것을 알았다. 그녀는 어두운 방에서도 냄새를 통해 바늘에 실을 꿰거나 단추 구멍을 찾았고, 우유가 끓는 때를 알 수 있었다. 그녀는 온 신경을 집중해 모두의 행동을 살폈기 때문에 마침내, 가족 한 사람 한 사람이 자기도 모르게 매일 같은 곳을 지나가고 같은 동작을 되풀이하고 있다는 것, 심지어는 같은 시각에 같은 말을 종알대고 있다는 사실을 알게 되었다. 집안의 사소한 일을 충분히 알아 둔다는 것은 여간 끈기가 필요한 일이 아니었으나, 호세 아르카디오의 양육을 맡고 있다는 것이 우르술라에게는 큰 도움이 되었다. 아마란타가 침실 성자상의 옷을 갈아입히면, 옷이 무슨 색이냐고 아이에게 물어 보고 알았다.

호세 아르카디오를 신학교에 보낼 준비를 하고 있을 때, 우르술라는 그 때까지 아이들에 대해 품고 있던 생각을 완전히 바꾸었다. 먼저, 그녀가 깨달은 것은 아우렐리아 부엔디아 대령이 가족에 대한 애정을 잃어버린 것은 격렬한 전쟁 때문이 아니라, 이제까지 진정한 사랑을 해

본 적이 없었기 때문이며, 아내 레메디오스나 그 인생을 스치고 지나간 하룻밤을 지낸 무수한 여인들, 나아가서는 그 아이들조차 사랑하지 않았기 때문이라고 생각했다. 자나깨나 전쟁을 한 것도 세상 사람들의 생각처럼 이상 때문이 아니라, 자존심 때문이라고 우르술라는 생각했다.

또 그녀에게 고통의 씨앗이었던 아마란타는, 실은 이 세상에서 가장 마음씨 좋은 여자라는 것을 깨달았다. 피에트로 크레스피에 대한 무참한 보복도, 헤르네르도 마르케스 대령에게 목을 조이는 듯한 고통을 맛보게 한 것도, 깊이를 알 수 없는 애정과 스스로도 어쩔 수 없는 두려움과 갈등 때문이었다는 것을 알게 되었다.

그 무렵부터 우르술라는 갑자기 깨달은 것들과 지나간 일들에 대한 후회로, 레베카의 이름이나 그 추억을 입에 올리게 되었다. 땅바닥의 흙과 벽의 석회를 먹던 레베카, 생면부지의 인간의 피를 이어받은 레베카, 성미가 급하고 어처구니없는 아랫배를 가지고 있던 레베카만이 우르술라가 아들이나 손자에게 바라던 자유로운 마음을 가진 인간이었다는 것을 깨달았기 때문이었다.

어쨌든 호세 아르카디오의 정신을 튼튼히 해 줄 충분한 시간이 없다는 것을 알았을 때, 그녀는 완전히 평정을 잃고 말았다. 그녀는 육감에 의지하는 편이 실수를 줄일 수 있는데도 불구하고 육안으로 보려고 해 여러 가지 실수를 저질렀다. 어느 날 아침에는 잉크를 장미 향수로 잘못 알고 아이의 머리에 뿌리기도 했다.

미녀 레메디오스는 문자 그대로 육신이 함께 승천했다고 하는데, 분별이 없는 페르난다는 아직도 여기저기 다니며 홑이불을 가지고 도망쳤다고 투덜댔다. 아우렐리아노라는 이름을 가진 자들이 죽은 지 얼마 되지 않았는데도, 아우렐리아노 세군도는 다시 집의 불을 환하게 켜놓고 많은 구경꾼들을 불러들여 아코디언을 연주하거나 샴페인을 퍼마시고 있었다. 그는 인간이 죽은 것이 아니라 개가 죽었다고 여기는 듯했다. 많은 고생을 하며 동물 엿세공을 팔아 지탱해 온 이 집안의 운명은 이제 타락의 쓰레기통이 되어 가고 있는 것은 아닐까.

어느 목요일 오후, 호세 아르카디오는 신학교로 떠났다. 내키지 않는 얼굴로 눈물 한 방울 흘리지 않고, 벨벳 옷을 입고 빳빳하게 풀을 먹인 넥타이를 매고 땀을 흘리고 있는 소년……. 헤어질 때의 그 모습을 우르술라는 언제까지고 잊지 못했다.

3개월 후에 아우렐리아노 세군도와 페르난다는 메메를 학교에 데리고 갔다. 그리고 클라비코드를 사서 자동 피아노가 있던 자리에 놓았다. 이 무렵부터 아마란타는 자신의 수의를 짜기 시작했다.

바나나 열기는 예전에 벌써 수습되었지만, 아직도 이 집에는 점심 손님들이 몰려왔다. 그리고 손님을 접대하는 태도도 여전했다. 페르난다가 집안의 살림을 맡아 하고 있었기 때문이다.

우르술라는 어둠의 세계로 밀려나고, 아마란타는 수의를 짜느라 열심이었기 때문에 페르난다는 자기 뜻대로 손님을 골랐고, 양친에게서 배운 엄격한 예법을 강요했다. 아우렐리아노 세군도는 자기 집에서 거동이 불편해지자 페트라 코테스를 자주 찾았다. 아내의 부담을 덜어 준다는 핑계로 그는 페트라 코테스에게 가서 살다시피 했다. 그리고는 가축의 새끼 번식률이 나빠졌다는 이유로 우리도 옮겼다. 마지막에는 페트라 코테스의 집 쪽이 덜 덥다는 이유로 조그만 사무실까지 이전했다. 페르난다가 자신이 과부와 같은 팔자라는 사실을 깨달았을 때는 이미 때가 늦었으며, 원래 상태로 돌려놓을 수도 없었다.

아우렐리아노 세군도는 식사도 거의 집에서 하지 않았다. 어느 날, 그는 실수로 페트라 코테스 집에서 자고 말았다. 그런데 페르난다는 예상과는 달리 남편을 조금도 책망하지 않았다. 그녀는 그의 옷을 담은 두 개의 트렁크를 페트라 코테스의 집으로 보냈다. 남편이 아무리 놀기를 좋아하는 사람일지라도, 그렇게 하면 창피해서라도 고개를 숙이고 집으로 돌아올 것이라고 생각했던 것이다.

그러나 트렁크가 운반되는 것을 본 사람들은 모두 언젠가는 이렇게 될 줄 알았다고 생각했으며, 아우렐리아노 세군도는 더욱 기뻐하며 3일 동안이나 흥겹게 소란을 피웠다. 그는 젊었을 때와 마찬가지로 페트라 코테스에게 완전히 빠져 있었다. 그는 페트라 코테스에게 호화로운 침대를 사 주었고, 창문에는 벨벳 커튼을 새로 해 달았으며 침실의 천장과 벽에는 큰 수정 거울을 달았다.

그가 이 때처럼 시끄럽게 떠들고 아낌없이 돈을 뿌린 적도 없었다. 매일 도착하는 기차로 그는 헤아릴 수 없을 정도의 샴페인과 브랜디를 날라 왔다. 역에서 돌아오는 도중에 만난 사람은 무조건 이 나라 사람이건 외국인이건 친구건 모르는 사람이건 상관 없이 댄스파티로 끌고 왔다. 대인 관계가 나쁜 브라운 씨까지도 아우렐리아노의 교묘한 화술에 넘어가 몇 번이나 만취가 된 상태로 함께 어울렸다.

이 시절만큼 아우렐리아노 세군도의 안색이 빛나고 사람들의 사랑을 받고 또 가축이 끝도 없이 새끼를 낳은 적도 없었다. 끝없이 계속되는 잔치 속에서 너무나 많은 소와 돼지와 닭을 죽였기 때문에, 안뜰 바닥은 넘쳐흐르는 피로 거무스름하고 질펀했다. 도를 넘은 대식에다 돈 쓰기의 신바람, 일찍이 들어 본 적이 없는 환대의 평판은 늪지대 건너편까지 파다하게 퍼져서 연안 지방의 이름난 미식가들이 이 곳으로 몰려들었다.

페트라 코테스의 집에서 개최되는 어리석은 먹기 시합에 참가하기 위해, 많은 대식가들이 각지에서 찾아왔다. 어느 토요일, '코끼리'라는 별명으로 전국에 이름이 알려진 토템 신앙인 카미라 사카스투메라는 여자가 나타났다.

아우렐리아노 세군도와 이 여자의 먹기 경주는 화요일 아침까지 이어졌다. 첫날 밤이 끝나도 코끼리 여자는 태연한 데 비해서, 아우렐리아노 세군도는 떠벌리거나 너무 웃어서 체력을 소모하고 있었다. 두 사람은 네 시간 가량 잠을 잤다. 잠에서 깨어나자 다시 각각 50인 분의 오렌지 주스와 8리터의 커피, 서른 개의 날달걀을 먹었다. 오랜 시간 자지 않고 두 마리의 돼지와 바나나 한 송이, 네 상자의 샴페인을 처치했다. 다음 날 아침, 두 마리의 칠면조가 나왔을 때는 이미, 아우렐리아노 세군도의 배가 터지기 일보 직전이었다.

"그만두시죠. 승부는 비긴 것으로 합시다."

코끼리 여자는 상대편의 죽음을 가져올 수도 있는 결과가 된 것을 뉘우치며, 또 자신도 더 이상 먹을 수 없음을 깨닫고 진심을 담아 말했다. 그런데 아우렐리아노 세군도는 그 말을 도전으로 받아들이고는, 더 이상 먹을 수 없는 상태라는 것을 알면서도 억지로 칠면조 고기를 목구멍 안쪽으로 밀어넣었다. 그러고는 의식을 잃었다.

죽을 줄로 알았지만, 일주일이 못 되어 그는 회복했다. 그리고 2주일 후에는 소란스럽게 이 기적적인 소생을 축하했다. 그는 여전히 페트라 코테스의 집에서 살면서 매일 페르난다를 찾아갔고, 때로는 가족과 함께 식사를 하기도 했다. 이제 아우렐리아노 세군도는 입장이 완전히 바뀌어 첩의 남편이 되고 아내의 기둥서방이 되어 버린 듯했다.

덕분에 페르난다는 편히 쉴 수가 있었다. 그녀는 클라비코드 연습과 아이들에게 보내는 편지를 쓰며 홀로 보내는 시간을 위로했다.

아우렐리아노 부엔디아 대령은 마르케스 대령에게 승산도 없는 전쟁을 하자고 외출한 이후로는 거의 작업실에서 떠나지 않았다. 전처럼 열심히 물고기 금세공에 몰두했지만 팔지는 않았다. 아마란타는 계속 수

의를 짜고 있었다.

쓸쓸한 세월 동안 페르난다가 가장 염려했던 것은, 메메가 첫 휴가를 보내기 위해 집에 왔을 때 아버지의 모습이 보이지 않는 것을 눈치채지 않을까 하는 것이었다. 그러나 곧 그 걱정은 사라졌다. 메메가 집에 왔을 때 그녀의 부모는 서로 동의하여, 아우렐리아노 세군도가 지금까지와 같이 얌전한 남편이라는 것을 믿도록 했다. 그리고 집 안의 음산한 분위기를 딸이 눈치채지 못하도록 했다.

그 무렵부터 메메는 어머니의 성격을 거의 닮지 않았다는 사실이 드러났다. 그녀는 슬픔을 모르고 춤추는 듯한 걸음으로 떠들썩하게 집 안을 돌아다니던 열두 살이나 열네 살 때의 아마란타와 꼭 같았다. 메메에게는 아직, 일족에게 보이는 숙명적인 고독은 움트고 있지 않았다. 그녀는 집에서의 생활을 좋아했고 게으름을 피우지 않고 정해진 대로 클라비코드 연습을 했다.

그러나 메메가 미리 통고도 해 주지 않고, 네 사람의 수녀와 68명의 동급생을 집으로 데리고 온 적이 있었다. 아버지의 성격을 쏙 빼닮은 메메가 사람들을 몰고 들어오자 페르난다는 깊은 한숨을 내쉬었다. 페르난다는 파란 제복에 목이 긴 구두를 신은 소녀들이 온종일 집 안에서 서성대는 것이 못마땅해, 이웃에서 침대와 그물 침대를 빌려왔다. 식사는 9교대로 했고 목욕 시간을 정했으며 40개의 걸상을 빌려왔다. 잠들기 전에 화장실을 가려다가 새벽 1시가 되어도 줄을 서 있어야 할 형편이 되자, 생각 끝에 72개의 요강을 샀다. 그러나 문제는 여기서 끝나지 않았다. 여학생들이 각자의 요강을 씻기 위해 아침부터 화장실 앞에 줄을 서 있었기 때문이다. 떠들썩한 학생들은 아침을 먹었는가 하면 점심, 점심이 끝나면 저녁 식사의 줄을 서야만 했으며, 일주일 동안 묵으면서 여학생들은 결국 농장을 산책할 정도의 행사밖에는 갖지 못했다.

그들이 떠나고 나자 꽃은 부러져 있었고 가구는 엉망이 되었으며, 벽은 낙서로 더럽혀져 있었다. 그러나 손님이 떠난 뒤라 한결 호젓해진 페르난다는 아무 말도 하지 않았다. 빌려온 침대와 의자를 돌려주고, 일흔두 개의 요강을 멜키아데스의 방에 두었다.

그 무렵 호세 아르카디오 세군도가 모습을 나타냈다. 그는 아무와도 말을 하지 않고, 작업실에 죽치고 있는 대령과 얘기를 나누었다. 우르술라는 그의 모습을 볼 수는 없었으나 장화 소리를 듣고는, 그의 마음이 완전히 가족에게서 떠나 있다는 것을 알았다. 그는 쌍둥이 동생 아우렐리아노 세군도에게까지 마음을 닫고 있었다. 가족들을 화제로 삼을 때라도 호세 아르카디오 세군도에 대해서만은 잊어먹기가 일쑤였으므로 우르술라는 그가 돌아오자 그에 대한 예전의 묵은 기억들을 더듬었다.

사실, 호세 아르카디오 세군도가 가족의 일원이 되지 못한 것은 소년 시절의 새벽녘 이후였다. 헤르네르도 마르케스 대령의 손에 이끌려 총살 처형을 보러 간 날, 처형된 남자의 슬퍼 보이는 듯한, 그러면서도 비웃는 듯한 미소를 보고는 그 모습이 뇌리에 각인되었던 것이다. 사형수에 대한 추억은 시간이 흐르고 나이가 먹을수록 더욱 선명해져 갔다.

우르술라는 호세 아르카디오 세군도를 시켜 대령에게 은거 생활을 그만하도록 일렀다. 그러나 우르술라는 대령이 남의 부탁을 들어 주는 인간이 아니라는 것, 남의 인정 따위를 받아들이지 않는 단단한 껍질을 쓰고 있다는 점을 알아차렸다. 두 사람이 작업실에서 오랜 시간 동안 무슨 말을 하고 있는지 아무도 알 수 없었다.

대령은 우르술라와 세상 얘기를 나누지 않았다. 어머니가 식사를 가지고 들어가도 식사 접시에 눈길조차 주지 않았다. 금세공 작업이 끝나기 전에는 고기나 수프가 식건 말건 신경 쓰지 않았다. 마르케스 대령에게 전쟁 이야기를 꺼냈다가 늙은이의 망령이라는 소리를 듣고 난 이

후에는 더욱 완고해졌다. 그 이후 한번도 인간다운 거동을 볼 수 없었고, 그대로 10월 11일을 맞이했다.

그 날 그는 서커스 행렬을 구경하러 밖으로 나와서 구경꾼들 사이에 끼어들었다. 코끼리의 목에 올라탄 금빛 의상의 여자가 눈에 들어왔다. 네덜란드풍으로 차려입고 스푼으로 냄비를 두드리며 박자를 맞추는 곰도 보았다. 행렬의 맨 끝에서 재주를 부리는 광대도 보았다. 그러나 서커스 행렬이 지나가고 밝은 햇살 속에 구경꾼만 남아 있었을 때, 대령은 자기가 비참한 고독 속에 있음을 알았다.

대령은 서커스를 생각하며 밤나무 밑으로 갔다. 그리고 오줌을 누면서 그 서커스를 떠올리려 했으나 기억이 나지 않았다. 대령은 병아리처럼 고개를 숙이고 이마를 밤나무 줄기에 기댄 채 움직임을 멈췄다.

15

메메의 마지막 휴가는 아우렐리아노 부엔디아 대령의 초상과 겹쳤다. 모두들 작은 소리로 얘기했고, 말없이 식사를 했고 하루에 세 차례씩 로자리오의 기도문을 외웠다. 더운 날씨의 클라비코드의 연습 소리조차 음산한 느낌을 주었다.

딸의 휴가가 끝날 때까지 아우렐리아노 세군도는 집에서 잠을 잤고, 그로 인해 메메는 이듬해 갓 태어난 동생과 대면하게 되었다. 갓난애의 이름을 아마란타 우르술라라고 지었다.

곧 메메는 공부를 마치고 돌아왔다. 변덕스럽고 아직 어린 티가 있는 그녀의 성격은 꼼꼼한 일에는 걸맞지 않았지만 일단 클라비코드 앞에만 앉으면 다른 사람 같았다. 그녀의 온순함과 클라비코드 연주 솜씨에 만족한 페르난다는, 그녀가 많은 친구들을 불러와 오후를 농장에서 보내거나 부인들과 영화를 보러 가도 말리지 않았다. 그렇게 긴 시간을 친구들과 한 방에 있으면서, 그녀는 담배 피우는 것을 배웠고, 남자들에 대한 이런저런 얘기를 나누었다.

그녀는 두 번째 휴가 때에 벌써 아버지가 집에 있는 것은 체면을 차리기 위해서라는 사실을 눈치채고 있었다. 페트라 코테스를 알게 되면서 그녀는 아버지의 모습을 이해할 수 있을 것 같았다. 차라리 아버지의 첩의 자식이었더라면 좋았을 걸 하고 생각할 정도였다.

아우렐리아노 세군도와 메메는 손발이 잘 맞았다. 이 무렵 아우렐리아노 세군도는 메메와의 약속을 위해서는 다른 모든 약속을 미루었고, 함께 영화나 서커스를 보러 갔다. 그는 스스로 구두끈을 묶지 못할 만큼 뚱뚱하고 왕성한 식욕으로 인해 우울한 인간으로 변해 가고 있었다. 그러나 딸 덕에 명랑함을 되찾았다. 딸과 함께 있는 것이 즐거워서 조금씩 방탕한 생활과도 멀어졌다.

메메는 미인이라고 할 수는 없었으나 느낌이 좋고 솔직해서, 처음 본 사람들도 모두 그녀를 좋아했다. 새 것을 좋아해서 고풍스럽고 수수한 것을 좋아하는 페르난다의 마음에는 들지 않았으나, 아우렐리아노 세군도는 오히려 그것을 부추겼다. 그는 호주머니에서 손에 집히는 대로 돈을 꺼내 주었기 때문에, 얼마의 용돈을 주는지도 알지 못했다. 그만큼 메메에게는 선심을 베풀었다. 또 바나나 회사의 매점에 새로운 화장품이 올 때마다 그것을 딸에게 사 주었다. 페르난다는 변덕스럽고 앓기를 잘하는 어린 아마란타 우르술라의 뒷바라지에 바빠서, 두 사람에 대해 모르는 척했다.

메메의 여자 친구들 중에는 미국인 소녀 세 명이 있었는데, 그 중 한 사람이 패트리시아 브라운이었다. 브라운 씨는 아우렐리아노 세군도의 환대에 감사하며 메메에게 자신의 집을 개방하고, 토요일의 댄스 파티에 초대했다. 페르난다는 반대했지만, 미국인들이 메메의 클라비코드 연주를 듣고 싶어한다고 하자, 더 이상 반대하지 않았다. 거기서 메메는 열렬한 칭찬과 환영을 받았고, 이후 댄스 파티뿐 아니라 일요일마다 수영 모임과 또 점심 모임에도 초대를 받게 되었다. 댄스나 수영이나 테니스에 빠져 있는 동안 메메는 금세 영어에도 능통해졌다.

그 사이 아마란타는 계속 수의를 짜고 있었다. 우르술라는 더욱 쇠약해져서 이제 그녀의 눈에 보이는 것은 밤나무 밑의 호세 아르카디오 부엔디아의 모습뿐이었다.

페르난다의 권력은 여전했다. 그녀는 아들 호세 아르카디오에게 보내는 편지에 거짓말은 한 줄도 쓰지 않았으나, 자신의 대장에 조그만 종양이 생겨 수술 준비를 하고 있다는 사실만은 줄곧 숨겼다.

부엔디아 집안은 외적으로는 한동안 평화와 행복이 계속되는 듯이 보였다. 그러던 어느 날, 아마란타가 갑자기 사망했다. 아마란타는 미녀 레메디오스가 승천했을 때도, 아우렐리아노 집안에 학살이 있었을 때에도, 또 그녀가 세상에서 가장 사랑한 아우렐리아노 부엔디아 대령이 죽었을 때도 눈물 한 방울 흘리지 않았었다.

아우렐리아노 부엔디아 대령이 늘 전쟁을 잊을 수 없었던 것처럼 아마란타는 늘 레베카만을 생각했다. 오랜 세월동안 그녀가 하나님께 간절히 기도한 것은 단 한 가지, 레베카보다 일찍 죽지 않도록 해 달라는 것이었다.

그 무렵, 아마란타가 레베카의 수의를 짜고 있다는 사실을 아는 사람은 아무도 없었다. 하지만 그녀의 생각이 미치지 못한 것 중의 하나가 아무리 하나님께 기도하더라도, 그녀가 레베카보다 먼저 죽을지도 모른다는 사실에 대해서였다. 그러나 아마란타는 죽으면서 실망하지 않았다. 죽음으로써 모든 고통에서 해방될 수 있다고 생각했기 때문이다.

이미 몇 해 전에 죽음의 사자가 그녀의 눈앞에 모습을 드러낸 적이 있었다. 죽음의 사자는 그녀에게 언제 죽는다든지, 레베카보다 먼저 죽는다든지 하는 것은 말해 주지 않았다. 대신, 4월 6일부터 수의를 짜라는 명령과, 그 수의를 완성한 날 해질 무렵, 아무 고통이나 공포 없이 숨을 거둘 것이라고 예고해 주었었다.

그녀는 시간을 벌기 위해 최상급 삼실을 구입하여 직접 천을 짜기 시작했다. 실로 꼼꼼하게 짰으므로 사 년이나 걸렸다. 그 후 도망칠 수 없는 시간이 가까워짐에 따라, 레베카가 죽을 때까지 일을 연장한다는 것이 무리라는 사실을 깨달았다. 그러나 일에 집중한 덕분에 실패를 해도 별 수 없다는 느긋한 기분을 얻을 수 있었다. 그녀는 대령이 싫증을 내지 않고 물고기 금세공을 되풀이하고 있는 까닭을 그 때서야 겨우 이해할 수 있었다.

일을 마치기 일주일 전, 2월 4일 밤에 마지막 한 땀을 남겨 놓은 사실을 알고, 그녀는 메메에게 그 다음 날로 예정되어 있는 클라비코드 연주회를 앞당겨 열도록 권했다. 그러나 이유를 알 리 없는 메메는 그 부탁을 들어주지 않았다.

다음 날 오전, 지금껏 아무도 만든 일이 없을 만큼 훌륭한 수의를 만들고 나자, 그녀는 조금도 주저하지 않고 오늘 저녁에 자신이 죽을 것이라고 모두에게 알렸다. 비참한 일생도 세상 사람들에 대한 마지막 봉사로 보상할 수 있다고 믿어 온 그녀는, 저승에 편지를 보낼 사람들은 얼른 자신에게 부탁하라고 말했다.

아마란타가 석양 무렵에 저승으로 떠난다는 소식이 낮 동안 마콘도에 알려졌다. 그리고 오후 세 시, 홀에 놓인 상자에는 편지가 가득 찼다. 아마란타는 차분했고, 조금도 슬퍼하는 모습을 보이지 않았다. 페르난다는 아마란타가 사람들을 조롱하고 있다고 생각했다. 아마란타에게 아직 원기가 있었기 때문이다. 그러나 우르술라는 부엔디아 집안 사람들은 앓지 않고 죽는다는 사실을 알고 있었기에, 아마란타가 자신의 죽음을 예감하고 있음을 알았다.

오후 5시, 연주회에 나갈 메메를 맞으러 온 아우렐리아노 세군도는 장례식 준비가 다 되어 있는 것을 보고는 깜짝 놀랐다. 그러나 여유 있고 원기 있는 아마란타를 보자 아우렐리아노 세군도와 메메는 농담조로 그녀와 이별의 말을 나누고, 다음 토요일에 부활을 축하하기 위해 파티를 열자고 약속했다.

임시 무대에 불이 켜지고 연주회 프로그램이 제2부로 접어들었을 때, 연주가 중단되었다. 아마란타가 죽었다고 누군가가 소식을 전했기 때문이다. 그들이 집에 돌아왔을 때 아마란타는 아름다운 수의에 몸을 감싼 채 우편물 상자 옆에 잠들어 있었다.

아마란타가 죽은 지 9일째부터 우르술라는 자리에서 일어나지 못했다. 산타 소피아 데 라 피에다가 그녀의 뒷바라지를 했다. 식사를 날라다 주고, 마콘도에 일어난 일들을 자세하게 알려 주었다. 우르술라는 자기와 꼭 닮은 아마란타 우르술라를 몹시 귀여워하며 글자 읽는 법을 가르쳤다. 다행히 노망은 나지 않아 용변은 가릴 줄 알았다. 따라서 식구들은 모두 우르술라가 백살이라는 나이로 몸이 쇠약해진 것이라고 생각했다. 시력이 나쁘다는 것은 알고 있었으나, 아무도 눈이 완전히 멀었다고는 생각하지 않았다.

이 무렵, 우르술라는 집안이 돌아가는 모양을 살필 수 있는 시간이 넉넉했고, 마음도 편안했다. 따라서 입 밖에 내지 않은 메메의 괴로움을 가장 빨리 알아차렸다. 그녀는 메메가 밤에 나방 한 마리 때문에 침대에서 이리저리 뒤척이며 괴로워하고 있다는 것을 알았다. 메메는 뭔가 숨기고 있고 위험한 일에 연관되어 있으며, 불안을 억누르고 있었다. 그렇게 여러 달이 지난 후 페르난다는 영화관 앞에서 메메가 남자와 키스하고 있는 것을 보고는 큰 소동을 벌였다.

페르난다는 메메가 하는 말이나 행동이 앞뒤가 맞지 않은 점을 이상하게 생각했지만, 결정적인 기회가 올 때까지 기다리고 있었다. 그러던 어느 날, 메메가 아버지와 함께 영화관에 가겠다고 나갔다. 그런데 잠시 후, 페르난다의 귀에 페트라 코테스의 집에서 요란한 불꽃놀이와 귀에 익은 아우렐리아노 세군도의 아코디언 소리가 들려온 것이다. 그녀는 옷을 갈아입고 영화관으로 갔다. 그리고 낯선 남자와 함께 있는 딸을 본 것이다.

다음 날 오후, 페르난다는 자기를 찾아온 한 남자의 목소리를 들었다. 창백하며 음산한 눈을 가진 사람이었다. 그러나 그에게는 비굴하지 않을 만큼의 자존심과 신중함이 있었고, 태어나면서부터 지닌 기품이 있었다. 그의 이름은 마우리시오 바빌로니아였다. 마콘도에서 태어나 자랐고, 바나나 회사에서 견습공으로 일하고 있었다.

메메가 그와 알게 된 것은 패트리시아 브라운과 함께 농장에 드라이브하러 갔을 때였다. 기사가 아팠기 때문에 마우리시오가 운전을 했고, 메메는 드라이브를 하는 동안 그의 남성적인 매력에 넋을 잃고 말았다. 그리고 얼마 지나지 않아 마우리시오 바빌로니아가 나타나는 곳에는 늘 노란 나방이 나온다는 것을 알아차렸다. 영화관의 어둠 속에서도 나방이 머리 위를 날고 있는 것을 느낀 적도 있었다. 언제나 그가 있는 곳에는 나방이 있었기 때문에 연주회의 청중 속이나 영화관, 대미사 등에서 그를 찾으려고 두리번거릴 필요가 없었다.

어느 날 아우렐리아노 세군도가 숨이 막힐 만큼 사방에 날아다니는 나방 때문에 짜증을 내는 것을 보고, 그녀는 순간적으로 아버지에게 비밀을 고백할까 하는 생각도 했으나 그만두었다. 메메는 토요일 밤에 아버지에게 약속이 있다는 것을 알고 있었다. 일주일 동안이나 마우리시오와의 데이트를 생각하며 애태우던 그녀는 토요일이 되자, 아버지를 설득해 영화관에 자기를 데려다 주고 끝날 즈음 다시 와 달라고 부탁했다. 영화관에 도착했을 때 전깃불이 켜져 있는 실내에 나방 한 마리가 날아왔다. 그리고 전깃불이 꺼졌을 때, 마우리시오 바빌로니아가 다가왔다.

메메는 그에게 완전히 빠져들었다. 페르난다의 눈을 속이기 위해 이것 저것 거짓 용무를 만들었고, 친구들을 피했다. 늘 그와 함께 있고 싶었다. 그러나 아마란타의 죽음 직전에는 광기 속에서도 순간순간 자기를 되찾고, 불안한 장래를 생각하며 몸을 떨었다.

그 무렵 그녀는, 트럼프 점을 잘친다는 여자 피라르 테르네라를 찾아갔다. 메메는 백 살이 넘은 이 점쟁이가 자기의 증조할머니라는 사실을 알지 못했다. 당시, 메메는 어떤 형태의 애정은 다른 형태의 애정을 잃게 되며 일단 정욕이 충족되면 돌아보지도 않는 것이 남자라고 생각했다. 그러나 피라르 테르네라는 이 잘못된 생각을 버리도록 충고했고, 계자 반죽의 증기로 임신을 피하는 방법도 가르쳐 주었다.

페르난다는 영화관에서 두 사람을 발견한 밤부터 딸의 외출을 금했다. 메메는 갇혀 있었지만 슬퍼하지 않았다. 옆방에 있던 우르술라는 그녀의 조용한 숨소리나 차분한 거동, 규칙적인 식사와 왕성한 소화력을 느낄 수 있었다.

그런데 어머니에게 외출을 금지당하고 두 달 정도 지난 후부터 메메의 행동이 수상했다. 메메가 아침이 아니라 저녁 7시에 목욕을 한다는 사실이었다. 매일 밤 메메가 욕실에서 나올 때면 페르난다는 살충약을 가지고 필사적으로 나방을 죽이며 돌아다녔다.

어느 날 밤, 메메가 욕실에 있을 때 페르난다가 그녀의 침실에 들어

갔더니, 숨을 쉴 수 없을 정도의 무수한 나방이 날고 있었다. 페르난다가 나방을 몰아내려고 눈앞의 보자기를 들어올렸더니 겨자 반죽이 바닥에 나뒹굴었다. 페르난다는 그것과 처녀의 밤중의 목욕을 연관지어 생각하고는 심장이 얼어붙는 듯한 두려움에 몸을 떨었다.

다음 날 당장 그녀는 새 시장을 점심에 초대해 닭을 도둑맞을 것 같으니 밤에 뒷마당에 경비원을 파견해 달라고 부탁했다. 이날 밤, 메메를 만나고자 욕실에 몰래 들어가려고 지붕의 기와를 들어내던 마우리시오 바빌로니아는 경관들의 총탄에 맞았다. 등에 박힌 총탄 때문에 그는 평생 침대에서 떠날 수 없는 몸이 되었다. 그러나 그는 신음 소리 한번 내지 않고 불평 한 마디 하지 않았다. 그리고 세상 사람들로부터 닭 도둑이라는 손가락질을 받으면서 쓸쓸히 죽어갔다.

16

마콘도에 치명적인 타격을 주게 될 사건이 잇따라 일어나고 있을 때, 메메 부엔디아의 아이가 왔다. 다행히 세상이 소란하여 남의 사생활까지 관심을 둘 수 없었기에 페르난다는 아이를 세상 사람들 눈에 띄지 않게 키울 수 있었다.

그녀는 갓난애를 대령의 예전 작업실에 숨겨 두었다. 산타 소피아 데 라 피에다에게는 아이가 광주리에 담겨 강에서 흘러내려오는 것을 발견했다고 말했다. 우르술라에게도 죽을 때까지 그 경위를 알려 주지 않았다. 아우렐리아노 세군도가 손자가 있다는 사실을 알게 된 것은, 아이가 집으로 온 지 3년이나 지난 후의 일이었다.

아이가 페르난다의 감시를 벗어나 알몸으로 복도에 서 있는 것을 아우렐리아노 세군도가 본 것이다.

페르난다는 등뼈가 부러진 마우리시오 바빌로니아가 운반되어 나간 그 다음 날, 남편과 상의도 없이 자기의 짐을 꾸리고 딸이 입을 옷을 싸서 메메를 데리고 나갔다. 행선지조차 말해 주지 않았지만 메메는 아무 말 없이 따라나섰다. 메메는 어머니가 침실에서 나가자는 말을 해도 머리를 매만지거나 얼굴을 씻지도 않았다. 몽유병자처럼 기차에 올라타고는 창 밖을 보려고도 하지 않았다. 이윽고, 열차는 파도가 넘실대는 바다가 보이는 고장에 도착했다. 그리고 나서 두 사람은 다시 나룻배에 올랐다. 페르난다가 하루에 두 차례 식사를 선실로 날라왔으나, 메메는 음식에 손도 대지 않았다. 음식 냄새만 맡아도 가슴이 울렁거렸고 맹물도 마실 수가 없었다. 겨자 반죽 증기의 효험도 없이 임신했다는 사실을 그녀는 알지 못했던 것이다.

다음 날 아침 미사를 드린 후, 페르난다는 자기가 살았던 음산한 건물까지 메메를 데리고 갔다. 왕비 교육을 받았던 수도원의 추억담을 자주 들었기에 메메도 그 곳이 어디인지 금방 알았다. 페르난다가 옆방에서 누군가와 얘기를 나누고 있는 동안, 가방을 든 견습 수녀가 집무실에서 나와 메메에게 손을 내밀었다.

"어서 와요."

메메는 그 손을 잡고 이끄는 대로 따라갔다.

페르난다는 기차를 타고 집으로 돌아왔다. 차 안에서 승객들의 긴장된 표정이나 부산한 군대의 움직임, 무슨 일인가 일어날 것 같은 분위기가 마음에 걸렸다. 마콘도에 도착한 후에야 호세 아르카디오 세군도가 바나나 회사의 노무자를 선동하여 파업을 계획하고 있다는 사실을 알았다.

몇 달 동안 계속된 파업이 성공해서 그 때까지 쓸모 없는 남자라는 말을 듣던 호세 아르카디오 세군도는 순식간에 유명해졌다. 그러나 그

는 국내 치안을 교란하는 국제적 음모의 끄나풀이라는 비난을 받았다.

일주일쯤 불길한 소문이 나돌던 어느 날 밤, 호세 아르카디오 세군도는 비밀 모임에서 나오다가 정체불명의 사나이에게 기습을 받았다. 네 발의 총성이 울렸으나 다행히 기적적으로 피했다. 몇 달 동안 긴장된 나날이 계속되었다.

페르난다만이 이 무렵 세상의 뒤숭숭한 움직임에 초연했다. 동의를 얻지 않고 메메의 뒤처리를 한 것 때문에 남편과 격렬하게 싸우고 나서 그녀는 외부와 일체 접촉을 하지 않았다. 아우렐리아노 세군도는 필요하다면 경찰의 손을 빌려서라도 딸을 수도원에서 데려오려고 했다. 하지만 페르난다는 그의 코앞에 메메가 자진해서 수도원으로 들어갔다는 증명서를 내보였다. 아우렐리아노 세군도는 내심으로는 그것을 믿지 않았으나, 어쨌든 일이 다 끝났다는 기분으로 페트라 코테스에게로 돌아갔다. 그리고 다시 소란스러운 놀이와 많이 먹기 시합에 열중했다.

그렇게 시간이 흐른 어느 더운 수요일, 광주리를 든 나이 많은 수녀가 집을 찾아왔다. 그 광주리 속에는 메메의 아기가 있었다.

아기가 태어난 것은 이개월 전쯤의 일이었다. 그런데 아이 어머니인 메메가 아무 말도 하지 않아서, 할아버지의 이름을 따라 아우렐리아노라는 이름을 지어 주었다고 했다. 페르난다는 화가 났지만 수녀 앞에서는 전혀 내색하지 않았다. 수녀가 이 곳을 떠나면 아이를 욕조에 넣어 죽여 버리겠다는 생각까지 했으나, 차마 그런 비정한 짓을 할 수가 없었다.

어린 아우렐리아노가 첫돌을 맞이할 무렵, 갑자기 마콘도 시내에 긴장이 감돌았다. 그 때까지 지하에 숨어 있던 호세 아르카디오 세군도와 다른 조합 지도자가 어느 주말에 갑자기 나타나서, 바나나 재배 지역의 마을에서 시위를 선동했던 것이다. 이윽고 대규모의 파업이 시작되었다. 농장의 작업은 중단되고 바나나가 송이째 썩어들어갔다. 시간이 남아도는 노무자들이 시내에 넘쳤고, 터키 인 거리는 토요일처럼 붐볐으며 하코브 호텔 당구장은 하루 종일 성업이었다.

치안을 위한 군대가 출동한다는 소식이 알려진 것은 호세 아르카디오 세군도가 터키 인 거리에 있을 때였다. 거리에는 세 개 연대의 군대가 대지를 뒤흔드는 북 소리에 맞추어 행진하고 있었다. 군대는 계엄령을 선포했으며, 쟁의의 조정권을 가지고 있었으나, 그들은 중재를 위한 어떠한 시도도 하지 않았다.

군대는 마콘도 시내에 배치된 다음, 총을 놓고 바나나를 수확하여 열차에 싣고는 그것을 출발시켰다. 그 때까지 참고 있던 노무자들은 파업에 돌입하고, 숲 속으로 몸을 숨겼다. 그리고 농장이나 매점을 소각했다. 또 기관총의 위력을 방패삼아 운행이 시작된 열차를 방해하기 위해 선로를 파괴하고 전신전화용 케이블을 절단했다.

전례가 없던 피비린내 나는 내란이 금방이라도 일어날 것처럼 생각될 무렵, 당국은 노무자들에게 마콘도에 모이도록 호소했다. 호세 아르카디오 세군도도 금요일 이른 아침, 군중 속에 섞여 있었다. 그는 미리 조합 지도자들의 모임에 출석하여 가비란 대령과 함께 군중 속에서 그들을 움직이게 하는 임무를 맡고 있었다. 그는 군대가 광장 둘레에 기관총을 설치했고, 전류가 흐르는 전선으로 둘러 싸인 바나나 회사 구내를 대포가 지키고 있다는 사실을 알고 난 후부터 기분이 나빴다.

정오 무렵, 3천 명이 넘는 군중은 도무지 도착할 기미가 보이지 않는 열차를 기다리고 있었다. 그리고 세 시가 되기 조금 전, 당국이 마련한 열차는 내일까지 도착하지 않을 것이라는 소식이 전해졌다. 지쳐 있는 군중들의 실망의 외침 소리가 들려오자, 한 중위가 철도 역사의 지붕으로 올라가 나팔 소리를 내며 정숙할 것을 명령했다. 그가 포고령을 다 읽고 나자 한 대위가 그와 교대하여 메가폰을 쥐고는 맥이 풀린 나지막한 소리로 지껄였다.

"오분 간의 여유를 주겠다. 이 곳을 떠나라!"

그러나 격렬한 휘파람 소리로 인해 오분 간의 시작을 고하는 소리마저 짓이겨지고 말았다.

"오분이 경과했다. 다시 일분 더 기다려 주겠다. 그래도 떠나지 않으면 발포한다!"

호세 아르카디오 세군도는 긴장과 바닥을 알 수 없는 정적에 도취해 있는 이 군중을 움직일 수 있는 것이 아무것도 없음을 확신하며, 앞에 있는 사람들 머리 위에다 대고 난생 처음 악을 쓰며 외쳤다.

"비겁자! 일분이 지나도 우리는 여기서 꼼짝하지 않겠다!"

이 외침에 이어 일어난 것은 공포라기보다는 일종의 환각이었다. 대위의 명령으로 열네 군데의 기관총이 일제히 불을 토해 냈다. 숨가쁘게 총소리가 울렸고, 탄피가 맹렬하게 날아가는 것이 보였으나 군중은 미동도 하지 않았고, 숨소리 하나 새어 나오지 않았다. 별안간 역 저쪽 끝에서 불길한 비명 소리가 들려왔다.

"엄마! 죽지 말아요!"

동시에 몇 사람이 절규하였다.

"엎드려! 바닥에 엎드려!"

군중은 큰 소용돌이를 그리며 빙빙 돌고 있었으며, 그 소용돌이는 중심을 향하여 점점 조그맣게 되어 갔다. 호세 아르카디오 세군도는 온 얼굴이 피투성이가 되어 그 자리에 쓰러졌다. 그가 의식을 되찾았을 때는 칠흑 같은 어둠 속이었다. 그는 자신이 조용히 달리는 열차 안에 누워 있음을 알게 되었다. 뼈 마디마디에 통증이 느껴졌고, 견딜 수 없이 졸렸다. 그는 그제야 자신이 시체 위에 누워 있다는 것을 알아차렸다. 화차 안에는 중앙의 통로를 제외하면 비어 있는 자리가 없었다.

그는 악몽과 같은 상황에서 빠져 나가기 위해 열차의 진행 방향에 따라 화차에서 화차로 기어갔다. 화차의 맨 첫칸에 당도했을 때, 그는 어둠 속을 향해 뛰어내려 열차가 다 지나갈 때까지 개천에 웅크리고 있었다. 그렇게 긴 기차를 본 것은 처음으로, 200량이 넘어 보였다. 화차의 지붕 위에는 기관총으로 무장한 군인들의 그림자가 보였다.

한밤중을 지났을 무렵 억수같이 비가 쏟아졌다. 뛰어내린 장소는 짐작할 수 없었으나, 어쨌든 열차와 반대 방향으로 가면 마콘도에 도착하리라고 생각했다. 비에 젖은 채 심한 두통을 견디며 세 시간 이상을 걸었을까, 아침 햇살에 몇 채의 인가가 눈에 띄었다. 겨우 한 집에 들어서자, 아이를 안은 여자가 아궁이 앞에 쭈그리고 앉아 있었다.

여자는 그를 알고 있었다. 아궁이에서 옷을 말리라며 담요 한 장을 갖고 왔다. 상처를 씻을 물을 끓이고, 머리에 감을 붕대 대신 마른 기저귀를 꺼내 주었다. 그는 커피를 마시고 간신히 말문을 열었다.

"시체가 3천 명은 될 거요. 틀림없이 역전에 있던 사람들일 거요."

여자는 슬픈 눈으로 그를 바라보며 말했다.

"이 고장에서 죽은 사람은 아무도 없어요. 대령님이 활약했을 무렵이라면 몰라도요. 그 후 마콘도는 조용했어요."

그가 자기 집으로 돌아갈 때까지 들른 세 집에서도 똑같은 말을 들었다. 역전의 광장에 들어섰을 때에도, 그 곳에는 학살의 흔적이 아무것도 없었다. 끊임없이 비가 쏟아지는 거리에는 사람의 그림자도 보이지 않았고, 집들의 문은 닫혀 있어 을씨년스러웠다. 가비란 대령의 집의 문을 두드렸으나, 여자는 그가 고향으로 돌아간다고 말했다고만 전했다.

비옷과 방수모를 쓰고 보초를 서는 두 경관을 피해, 그는 안뜰의 담장을 넘어 집으로 들어갔다. 산타 소피아 데 라 피에다는 아들을 요강을 둔 방으로 데리고 가서 멜키아데스의 낡은 침대를 사용하도록 해 주었다. 그리고 페르난다가 낮잠을 자고 있는 사이 창문으로 식사를 넘겨주었다.

다음 날 산타 소피아 데 라 피에다의 귀띔을 받고 아우렐리아노 세군도는 멜키아데스의 방에 있는 형을 방문했다. 학살의 얘기며 죽은 사람을 싣고 바다로 향하는 흉측스러운 열차 등에 대해 그 또한 믿으려고하지 않았다. 이미, 전날 밤 정부는 특별고시를 통해 노무자들이 얌전하게 자기네 집으로 돌아갔다고 발표했던 것이었다.

비는 일주일 동안 계속되었다.

'죽은 자는 없다. 노무자는 만족하여 가족에게로 돌아갔다. 바나나 회사는 비가 오는 날은 일하지 않는다.'

이 공식 발표를 모든 수단을 동원해 전국으로 되풀이해서 유포했기 때문에, 사람들은 이를 사실로 받아들였다. 계엄령은 계속되었으나 군대는 천막으로 돌아갔다. 낮 동안에 군대는 냇물로 변한 거리에서 뱃놀이를 했고, 밤이 되면 총으로 민가의 문을 부수고 용의자를 연행해 갔다. 연행된 사람들은 집으로 돌아오지 않았다. 포고령 4호에 의해 불량배, 살인범, 방화범, 폭도들의 수색과 체포가 계속되었다. 그런데 군 당국은 소식을 들으려고 사령부로 몰려간 희생자의 가족들에게조차도 그 사실을 부인했다.

이렇게 해서 조합의 지도자들은 완전히 말살되었다. 그런데 2월의 어느 날 밤, 부엔디아의 집에 총 개머리판으로 문을 두드리는 소리가 들려왔다. 여섯 명의 군인이 비에 젖은 채 말없이 온 집 안을 뒤지기 시작했다. 거실은 물론, 곳간도 빼놓지 않았다. 산타 소피아 데 라 피에다가 틈을 보아 호세 아르카디오 세군도에게 급히 알렸으나, 그는 이제 도저히 도망칠 수가 없다며 체념했다.

마침내 군인들이 멜키아데스의 방 앞에 섰다. 오랫동안 아무도 쓰지 않은 방이라는 산타 소피아 데 라 피에다의 말은 들은 척도 하지 않고, 장교는 강제로 문을 열게 하고는 회중전등으로 방 안 전체를 쓸 듯이 비추었다. 광선이 호세 아르카디오 세군도의 얼굴을 스쳤을 때, 아우렐리아노 세군도와 산타 소피아 데 라 피에다 두 사람은 이제 단념할 수밖에 없다고 생각했다. 그런데 장교는 계속 방 안을 살피며 옷장에 간수해 둔 72개의 요강을 발견할 때까지 별다른 표정을 보이지 않았다.

호세 아르카디오 세군도는 장교의 시선이 여전히 자기 쪽을 향해 있지만, 자기의 모습을 보지 못하고 있다는 것을 곧 알아차렸다. 그렇게 문이 닫혔을 때, 그는 이것으로 자기의 싸움은 끝이 났다고 생각하며, 여태껏 느껴 보지 못했던 평안 속에 자리에 누웠다. 그리고 그는 매일 그 곳으로 식사를 몰래 날라 오는 어머니에게 아직도 생매장되지 않을

까 걱정스럽다고 얘기했다.

불안이 완전히 사라진 호세 아르카디오 세군도는 멜키아데스가 남겨둔 양피지를 열심히 읽기 시작했다. 두 달이 경과한 후에는 그의 고독을 깨뜨리는 것은 어머니의 출입뿐이었다. 그래서 그녀에게 출입문에 열쇠를 장치하고 식사는 창에 놓아 달라고 부탁했다. 군인들에게 그의 모습이 드러나지 않았다는 사실을 알고 있고, 그 곳에 갇혀 있어도 불편한 일은 없으리라고 생각한 페르난다와 가족들은 그의 존재에 대해서 그만 잊고 말았다.

그렇게 유폐 생활이 6개월 정도 되었을 때, 군대는 마콘도를 떠났고, 아우렐리아노 세군도는 형이 있는 문의 자물쇠를 열었다. 완전히 대머리가 된 호세 아르카디오 세군도는 지저분한 냄새에도 아랑곳하지 않고 양피지를 되풀이해서 읽고 있었다. 신성한 빛이 그를 에워싸고 있었다. 동생은 그의 눈을 본 것만으로도 그가 증조할아버지와 같은 운명을 걸어왔다는 것을 깨달았다.

"3천 명 이상이었다. 절대로 틀림없어! 역전에 있었던 사람은 모두 몰살당한 거야."

호세 아르카디오 세군도는 단지 이 말만 했다.

17

4년 11개월하고도 이틀 동안 줄곧 비가 내렸다. 태풍 때문에 지붕이 날아가고 벽은 기울었다. 얼마 남지 않은 농장의 바나나 나무도 뿌리째 뽑히고 말았다. 우르술라는 이 재난의 무료함에서 빠져 나오려고 여러 방법을 짜냈다. 아우렐리아노 세군도도 게으름에 빠지지 않으려고 무진 애를 썼다. 그는 페트라 코테스의 집에 옷을 두고 왔기 때문에, 3일마다 옷을 벗고 세탁이 끝날 때까지 팬티 바람으로 앉아 있어야 했다.

비가 계속 내리는 동안 그는 심심풀이로 집의 여기저기를 수리하는데 열을 올렸다. 그러는 와중에 얼굴의 불그스레한 빛도 사라지고, 늘어진 턱의 살덩이도 보이지 않게 되었으며, 마침내 몸 전체의 살이 빠져 제손으로 구두끈을 맬 수 있게 되었다.

그러나 장마 덕분에 모든 것이 엉망이 되고 있었다. 여기저기 녹이 슬었고, 젖은 옷가지에 파란 이끼가 끼었다. 물고기가 안으로 들어와 온 방 안을 헤엄치며 돌아다니다가 창문으로 빠져 나갈 정도로 공기는 습했다.

어느 날 아침, 우르술라는 그대로 의식을 잃을 것 같은 기분으로 잠에서 깨어났다. 그녀의 등에 거머리가 붙어 있는 것을 보고, 산타 소피아 데 라 피에다가 거머리를 한 마리씩 떼어 내어 불 속에 넣었다. 바닥을 건조시키고 침대 다리 밑에 고인 벽돌을 빼냈다. 개천을 만들어 집안의 물이 밖으로 빠져 나가게 했다. 또 두꺼비나 달팽이도 몰아 내야 했다. 아우렐리아노 세군도는 손을 놓을 수 없는 잔일이 많아서, 자기가 이제 늙었다는 사실도 깨닫지 못했다.

그러던 어느 날 그는 페트라 코테스의 얼굴을 떠올려도 별로 느낌이 없어진 자신을 깨닫게 되었다. 청춘 시절의 끝없는 방탕의 추억도 이미 그의 마음을 움직일 수는 없었다. 그가 집에 틀어박혀 일을 할 생각이 든 것은, 결코 깊은 생각과 반성의 결과가 아니었다. 그의 마음속에 내재되어 있던 것들이 지루한 장마로 인해 끄집어 내어진 것뿐이었다.

페르난다는 장마가 끝나면 남편이 첩에게로 돌아가리라 생각했다. 아마란타 우르술라의 출산 이후, 자궁에 이상이 있다는 걸 알았기 때문에, 그녀는 남편과 같이 지내는 것이 불편하기도 했다. 뭔가 좋은 치료법이 없을까 하고 우르술라에게 의논한 적도 있었다. 그러나 될 수 있는 대로 체면에 손상되지 않도록 돌려서 말을 꺼냈기 때문에, 우르술라는 페르난다가 아픈 곳이 자궁이 아니라 장인 줄 잘못 알고는 설사약을 마시도록 권했다.

계속되는 장마로 식구들은 이제 밖을 내다보려 하지 않았다. 그래도 헤르네르도 마르케스 대령의 장례 행렬이 지나간다는 말을 듣고는 모두들 밖을 내다보았다. 그렇게 쓸쓸한 장례식도 없었다. 우마차 뒤를 따르는 사람 중에 몇 사람은 맨발로 모두 무릎까지 바지를 걷어올렸다. 이들은 네르란디아 협정 당시의 생존자들이었다. 한손에는 소를 모는 회초리를, 다른 손에는 빗물로 바랜 조화 화환을 들고 흙탕물 속을 걸어가고 있었다.

우르술라는 산타 소피아 데 라 피에다에게 부탁하여 문까지 나갔다. 그녀가 너무도 열심히 장례 행렬의 움직임을 쫓고 있었으므로 모두들 그것이 보이는 줄로 믿고 있었다.

"잘 가시오. 헤르네르도! 주인 양반에게도 전해 주오. 장마 개이면 나도 곧 간다고."

아우렐리아노 세군도가 그녀를 부축해 침대로 데려가면서 그 인사말의 의미를 물었다. 그러자 그녀는 이렇게 말했다.

"말한 대로다. 비가 개면 죽을란다. 매일 그 생각만 하고 산다."

한참 만에 거리의 모습을 본 아우렐리아노 세군도는 깜짝 놀랐다. 그는 가축이 새삼스럽게 마음에 걸려 우비를 쓰고 페트라 코테스의 집으로 가 보았다. 그녀는 물이 허리까지 찬 안뜰에서 말의 시체를 밀어 내려 버둥거리고 있었다. 장마가 시작된 날부터 페트라 코테스는 가축의 시체를 안뜰에서 밀어 내는 일만 하고 있었다. 아우렐리아노 세군도가 왔을 때는, 무너진 외양간에는 말의 시체와 비쩍 마른 노새밖에 없었다. 그녀는 그의 모습을 보고도 별로 놀라워하지도 않았고, 기뻐하거나 원

망하지도 않았다. 그 동안 그녀 또한, 뼈와 가죽만 남고 완전히 늙어 있었다. 일주일을 묵는 동안 그는 지리한 장마 때문에 지쳐 있는 페트라 코테스의 모습에 익숙해져서 예전과 같은 눈으로 그녀를 바라볼 수가 있었다.

이미 노년이었던 아우렐리아노 세군도는 트렁크를 들고 다시 자기 집으로 돌아왔다. 마콘도의 주민 모두가 장마만 개기를 기다리는 것 외에는 달리 할 일이 없었다. 시간을 연월일이나 시각으로 나누어 봐도 별의미가 없었기 때문에, 시간이 통째로 서서히 흘러감을 느끼고 있을 뿐이었다. 마침내 아우렐리아노 세군도는 아내의 입에서 이제 곳간에는 소금에 절인 고기 6킬로그램과 쌀 한 포대밖에 없다는 말을 들었다.

곳간의 절박한 문제 해결을 하루하루 미루는 동안, 페르난다의 노여움은 점점 커졌다. 그녀는 화를 참을 수가 없었다.

"왕비 교육을 받으며 자랐어. 그런데 이 미친 집에서 식모살이를 하고 있다니! 남편은 게으름뱅이에다 계집질이나 하고, 큰 대자로 벌렁 누워 단물만 빨아먹고 있으니……. 그런데 난 아침부터 밤늦게까지 산처럼 쌓인 일에 파묻혀 허덕이고 있잖아. 빈말이라도 오늘은 안색이 좋지 않은데 무슨 일이 있느냐고 말해 주는 사람이 한 사람도 없으니……."

저녁식사 때는 되풀이되는 넋두리가 빗소리를 압도했다. 아우렐리아노 세군도는 제대로 식사도 하지 않고 풀이 죽어 있었다. 그리고 일찍 침실로 들어가 버렸다. 다음 날 아침 식탁에서, 페르난다는 다시금 분을 참을 수가 없었다. 달걀 반숙 하나 먹을 수 없겠느냐는 남편의 말에 페르난다는 지난 주부터 달걀이 떨어졌다는 답변만으로는 모자라, 이 집 안 남자들을 매섭게 매도하기 시작했다. 그녀는 아우렐리아노 세군도를 따라다니며 성가신 음성으로 그를 괴롭혔다.

"제발 조용히 좀 해!"

더 이상 견딜 수 없어 그가 소리치자, 페르난다는 더욱 소리를 지르며 말했다.

"무슨 소리야! 듣기 싫거든 그년 집으로 가!"

이 말에 아우렐리아노 세군도는 화가 머리끝까지 났다. 아우렐리아노 세군도는 솟아나는 노여움으로 선반의 유리를 깨부수고, 그릇을 하나씩 바닥에 내동댕이쳐 산산조각을 내고 말았다. 홀에서 곳간까지 부서질 만한 것은 모두 부수더니 마지막으로 부엌의 물항아리를 안뜰 한복판에다 집어던졌다. 그러고는 손을 씻고 방수포를 쓰고 나갔다. 한밤중에 돌아온 그는 말과 약간의 고기와 몇 포대의 쌀, 벌레먹은 옥수수며 바나나 송이를 안고 있었다.

그러나 아마란타 우르술라와 아우렐리아노 소년에게는 이 장마가 훗날까지 즐거운 추억이 되었다. 두 아이는 엄격한 페르난다의 눈을 속여 도마뱀을 잡아 배를 따기도 하고, 노망기가 있는 우르술라와 놀기도 했다. 우르술라는 장마가 시작된 지 3년째가 되자 현실감각을 잃어버려 현실과 과거의 일을 혼동하기 시작했고, 백 년 전에 죽은 증조할머니를 생각하며 3일 동안이나 훌쩍거리기도 했다.

우르술라는 망령들이 찾아오면, 전쟁 중에 성 요셉의 석고상을 가지고 와서 비가 갤 때까지 맡아 달라고 했는데, 그 사람이 누구인지 아느냐고 물었다. 덕분에 아우렐리아노 세군도는 우르술라만이 알고 있는 장소에 묻어 둔 금을 생각해 내고 그녀에게 물었다. 그러나 우르술라는 착란 상태에 있으면서도 그 비밀을 지키는 정신만은 남아 있어서 끝까지 발설하지 않았다.

우르술라가 무덤에까지 그 비밀을 가지고 갈 것이라 믿은 아우렐리아노 세군도는, 인부들을 고용하여 3개월 동안 철저하게 집 안 곳곳을 조사했으나 금을 찾지는 못했다. 이제 그는 아이들의 뒷바라지는 생각하지 않았다. 흙투성이의 몸으로 먹고 싶을 때 식사를 했다. 그는 안뜰과 뒤뜰 조사를 마치자, 마른 가지와 시든 꽃으로 뒤덮인 시궁창에까지 머리를 처박고는 흙을 파내어 화단을 뒤집었다.

그러던 어느 날, 땅이 무너지는 듯한 소리가 나서 홍수가 밀어닥친 것으로 생각한 가족들이 놀라 눈을 떴다. 나와 보니 세 개의 방이 당장이라도 붕괴될 듯한 상태로, 복도에서 페르난다의 거실 근처까지 깊은 균열이 생겨 있었다. 그런데도 아우렐리아노 세군도는 보물찾기를 단념하지 않았다.

이듬해 6월 둘째 주가 되어도 그는 아직도 그 일을 계속했다. 이 무렵부터 빗발이 약해지더니 금방이라도 날이 갤 것 같았다. 비는 그쳤다. 그리고 태양이 쨍쨍 내리쬐기 시작했다. 그리고 10년간의 가뭄이 시작되었다.

마콘도는 폐허나 다름없는 모습으로 변해 있었다. 시궁창 같은 거리에는 부서진 가구와 짐승들의 시체, 서둘러 마콘도를 떠난 타관 사람들이 남기고 간 물건들이 나뒹굴고 있었다. 바나나 회사는 시설을 철거했고, 철조망으로 둘러싸였던 도시의 발자취에는 깨어진 기왓장만 남아 있었다.

마콘도 사람들은 거리의 한복판에 앉아 오랜만에 햇살을 즐겼다.

세월의 흐름이나 재해에도 아랑곳없이 유연하게 말도 없이 지낸 사람은, 아무래도 페트라 코테스 한 사람이었던 것 같다. 장마가 끝나기 전해에 그녀가 아우렐리아노 세군도에게 심부름꾼을 보내어 빨리 돌아오라고 재촉하자, 아우렐리아노 세군도는 지금 형편으로는 언제 돌아갈지 모르겠다는 대답만 했다. 이후 아우렐리아노 세군도가 마지막 전갈을 받고 8개월 후에 돌아와 보니, 그녀는 창백한 몰골로 온몸에는 부스럼

자국이 있는데도 제비뽑기를 하느라고 열심히 종이에 숫자를 적고 있었다.

어이없어하던 그는 침실에서 뼈와 가죽만 남은 당나귀 한 마리를 보았다. 풀도 옥수수도 나무 뿌리도 동이 나자 페트라 코테스는 당나귀를 침실로 끌어들여 무명 홑이불, 페르시아 벽걸이, 침대 커버나 벨벳 커튼, 비단 장식걸이 등을 먹였던 것이다.

18

우르술라는 장마가 그치면 죽겠다는 약속을 지키기 위해 많은 노력을 했다. 그러나 8월이 지나 불기 시작한 열풍 때문에 장미나무가 말라죽고 진흙 밭이 딱딱하게 굳었으며, 마콘도 일대에 흙먼지가 일어 양철 지붕과 아몬드 나무에 달라붙기 시작하면서 자주 제정신으로 돌아왔다. 그녀는 아마란타가 죽은 후 처음으로 누구의 도움도 받지 않고, 침대에서 일어나 가족의 일원이 되었다. 그녀는 기력 하나로 어둠 속에서도 방향을 알 수 있었기에, 아직도 식구들은 그녀가 장님인 것을 알지 못했다.

그녀는 눈으로 보지 않아도 화단이 비 때문에 엉망이 되었고, 아우렐리아노 세군도의 발굴로 집 전체가 못쓰게 되었다는 사실을 알았다. 이때부터 그녀는 한시도 쉬지 않고, 옷가지를 햇빛에 내다 말리고 살충제를 뿌려 벌레들을 털어 냈다. 문이나 창문에 흰개미가 갉아먹은 자국을 긁어 내고 개미집을 생석회로 막았다. 산타 소피아 데 라 피에다가 끈질기게 열지 못하게 하는 멜키아데스의 방도 열었다. 그녀는 그 방문을 열면서 기숙생들이 사용한 72개의 요강이 이 방에 있다는 것, 장마가 내리던 날 순찰하던 군인들이 저택을 샅샅이 수색했지만 호세 아르카디오 세군도를 발견하지 못했던 사실을 금방 기억해 냈다.

문을 열었을 때 호세 아르카디오 세군도는 여전히 양피지를 탐독하고 있었다. 증조할머니의 소리에 정신을 차린 그는, 문 쪽을 뒤돌아보며 무의식 중에 우르술라가 하던 말을 되풀이했다.

"할 수 없지. 세월이 흘러갔으니."

중얼대는 듯한 그 음성을 들은 우르술라는,

"그건 그렇지만, 그렇게 오래 되진 않았다."

하고 말했다.

그녀는 자신이 사형수의 독방에 있던 아우렐리아노 부엔디아 대령과 같은 대답을 하고 있다는 것을 알아차리고, 금방 입에 올린 대로 세월은 조금도 흘러가지 않았으며, 다만 되풀이되고 있을 뿐이라는 사실에 몸을 떨었다.

그녀는 마치 어린아이를 대하듯 호세 아르카디오 세군도를 꾸짖으며 목욕을 하고 집수리를 돕도록 타일렀다. 그러나 호세 아르카디오 세군도는 이 방에서 나간다는 생각만 해도 공포를 느끼며, 저녁때가 되면 시체를 싣고 마콘도에서 바다 쪽으로 2백 량이 연결된 열차가 지나가는 것을 보는 것이 소름끼친다고 외치는 소리를 듣고는 마음을 바꿨다. 우르술라는 그가 자신보다 훨씬 어둡고, 사람과 동떨어진 어두운 세계에서 살고 있다는 사실을 알고는 그대로 방에 머물러 있으라고 했다.

페르난다는 로마에 있던 호세 아르카디오로부터 수도원에 들어가기 전에 마콘도에 들르겠다는 편지를 받자 하루에 네 번씩이나 꽃에 물을 뿌리기 시작했다.

아우렐리아노 세군도는 다시 트렁크를 들고 페트라 코테스의 집으로 갔다. 당나귀의 제비뽑기를 해서 번 돈으로 페트라 코테스와 함께 다른 동물을 구매하여, 보잘것없지만 복권 장사를 다시 시작했다. 그러나 그 사이 아우렐리아노 세군도는 전혀 딴사람이 되어 있었다. '코끼리 여자'의 도전을 받았을 때만 해도, 120킬로그램이나 나가던 체중이 78킬로그램으로 줄었고, 오동통하고 독기 없는 얼굴이 이구아나처럼 변해 있었으며, 늘 피곤하고 무료했다. 두 사람은 좀체로 잠을 이루지 못하는 노부부처럼 밤늦게까지 깨어 있었으며, 예전에는 물처럼 쓰던 돈을 정성스럽게 계산하거나 정리하면서 시간을 보냈다.

아우렐리아노 세군도는 복권의 평판을 높이느라 분주하여 아이들을 돌볼 여유가 없었다. 페르난다는 아마란타 우르술라를 학생이 여섯 명인 사립학교에 보냈으나, 아우렐리아노는 공립학교에도 다닐 수 없게 되었다. 당시의 학교 규칙은 교회에서 맺어진 부부 사이에서 출생한 적자만 입학시키게 되어 있었다. 그런데 아우렐리아노의 출생증명서에는 사생아라고 기재되어 있었다. 그래서 아마란타 우르술라가 학교에 가 있는 동안, 아우렐리아노는 마당에서 지렁이를 파내거나 벌레를 만지작거렸다.

장마 뒤에 찾아와 가끔 우르술라에게 제정신이 들게 했던 열풍이 그치자, 우르술라는 두 번 다시 제정신으로 돌아오지 않았다.

그녀는 점차 몸이 줄어들면서 태아를 닮아 갔다. 며칠이고 꿈쩍도 하지 않을 때도 있어서 산타 소피아 데 라 피에다는 그녀의 몸을 흔들어 살아 있다는 것을 확인하고 나서야, 조그만 스푼으로 설탕물을 먹여 주곤 했다. 꼭 방금 태어난 노파 같았다. 아마란타 우르술라와 아우렐리아노는 그녀를 안고 침실 안을 걸어다녔다. 제단에 눕혀 보고 어린 예수와 크기가 같다는 것도 확인했다. 어느 날은 그녀를 곳간의 찬장에 올려놓았다가 하마터면 쥐의 먹이가 되게 할 뻔했다.

아우렐리아노 세군도는 그녀의 착란 상태를 이용하여 매장된 보물의 장소를 알아 내려고 했지만, 역시 아무것도 알아 낼 수가 없었다. 우르

술라는 다만 이렇게 말할 뿐이었다.

"주인이 나타나면 하나님께서 일러 주실 게다."

산타 소피아 데 라 피에다는 우르술라가 운명할 날이 머지않았다는 것을 알았다. 장미꽃에서 명아주 냄새가 났고, 어떤 날 밤에는 오렌지빛으로 반짝이는 원반이 한 줄이 되어 공중을 나는 것을 보기도 했다.

우르술라는 성 주간의 목요일 아침에 숨을 거두었다. 가족의 도움을 받으면서 최후로 자신의 나이를 셈했을 때, 우르술라는 백 열다섯 살에서 백 스무살 사이라는 결론을 내렸다. 그 해 연말에 레베카가 사망했다. 사람의 출입이 없는 침실에서 대머리가 된 그녀는 새우처럼 몸을 웅크리고, 엄지손가락을 입에 물고는 쓸쓸하게 죽었다.

우르술라가 죽자 부엔디아 가의 저택은 다시 황폐해졌다. 여러 가지로 손을 써 보았으나 허사였다. 우르술라 이래 백 년에 이르는 도도한 그 흐름은, 페르난다의 폐인과 같은 감정에 의해 막히고 말았다. 그녀는 열풍이 그쳤는데도 대문을 열지 않았고 생매장과 다를 바 없는 생활을 하라는 아버지의 옛 명령에 따라 창문을 꼭 닫아 두고 있었다.

아마란타 우르술라는 아우렐리아노를 괴롭히는 데 들이던 시간을 학교 숙제를 하는 데 쓰면서, 두뇌의 명석함과 공부를 좋아하는 습관을 보여 주기 시작했다. 이를 본 아우렐리아노 세군도는 메메 때와 같은 기대감이 생겼다. 이 무렵, 이따금 그가 집에 오는 것은 순전히 아마란타 우르술라 때문이었다. 시일이 지나면서 그에게 페르난다는 남과 같았고, 아우렐리아노 소년도 사춘기에 접어들어 무뚝뚝하고 침울한 아이로 변해 갔기 때문이었다.

우르술라가 멜키아데스의 방을 열도록 허락했을 때, 호세 아르카디오 세군도는 손자인 아우렐리아노와 강한 애정을 맺게 되었다. 호세 아르카디오 세군도는 아우렐리아노에게 읽기와 쓰기를 가르쳤고, 양피지 연구를 하며 마콘도에 바나나 회사가 어떤 의미를 가지고 있는지를 정성스럽게 설명했다.

어느 날, 아우렐리아노 세군도는 기침이 심하게 나고, 뭔가가 목구멍 안을 조여 오는 기분이 들어 잠에서 깨어났다. 그는 자기가 머지않아 죽을 거라는 것을 깨달았다. 하지만 아무에게도 얘기하지 않았다. 그저 영특한 아마란타 우르술라를 브뤼셀에 보내기 전에 죽을까 봐 그것이 염려될 뿐이었다. 그래서 그는 이제까지와는 달리 장사에 열중하여, 일주일에 한 번이 아니라 세 번으로 제비뽑기의 매출을 늘렸다. 밝고 명랑하고 얘기를 좋아하는 사람처럼 보이기 위해 눈물겨울 정도로 애를 썼으나, 핏기없는 얼굴이나 흐르는 땀을 보면 간신히 서 있다는 것을 금세 알 수 있었다. 그의 목소리는 점차 쉬어 갔고, 말의 조리가 맞지 않았다. 음성이 갈라지고 조만간 고통을 이겨 내지 못하리란 것을 깨달

앉을 때, 그는 이 정도의 수입으로는 도저히 딸을 브뤼셀에 보낼 수 없다는 사실을 깨달았다.

그래서 생각해 낸 것이 토지를 복권에 붙이는 것이었다. 이는 실로 기발한 착상이어서 시장까지 나서서 고시를 내주었고, 일주일이 지나지 않아 매절되었다. 이개월 후 그는 자신의 재산을 다 털어 아마란타 우르술라를 브뤼셀로 보냈다.

브뤼셀에서 편지가 오기 전인 8월 9일, 멜키아데스의 방에서 아우렐리아노와 얘기를 하던 호세 아르카디오 세군도가 문득 말했다.

"분명히 기억해 두거라. 3천 명 이상의 인간을 바다에 버린 거다."

이렇게 말하고는 그는 양피지 위에 엎어져 눈을 뜬 채 숨을 거두었다. 같은 시각, 페르난다의 침대 위에서도 쌍둥이 동생이 목구멍을 갉아 먹히는 듯한 오랜 고통에서 해방되었다. 쌍둥이의 시체는 두 개의 관에 각각 넣어졌다. 그런데 두 사람의 시체를 운반하던 사나이들이 술에 취해 관을 혼동하여, 각각 다른 무덤에 묻고 말았다.

19

아우렐리아노는 오랫동안 멜키아데스의 방에서 나오지 않았다. 산타 소피아 데 라 피에다가 그의 식사를 날라다 주고, 머리를 잘라 주거나 옷을 꿰매 주기도 했다. 아우렐리아노는 종종 그 방에서 멜키아데스와 얘기를 나누었다.

멜키아데스는 그에게 자기가 이 방에 오는 횟수는 한정되어 있으나, 백 년째를 맞아 양피지에 씌어진 문장을 해독하도록 산스크리트 어를 가르쳐 주겠다고 했다.

아우렐리아노가 산스크리트 어 실력이 늘어나면서 멜키아데스의 발걸음은 점차 뜸해졌다. 그리고 마지막으로 이렇게 말한 다음 사라졌다.

"나는 열병에 걸려 싱가포르의 습지에서 죽었었다."

산타 소피아 데 라 피에다는 이 집의 식구가 줄어든 덕분에 50년 이상이나 줄곧 일해 오다가 휴가를 얻은 듯한 기분이 들었다. 이제껏 그녀는 한번도 불평을 한 적이 없었다. 페르난다가 이 저택에 처음 왔을 때, 산타 소피아를 이 집의 가정부로 생각한 것도 어떻게 보면 당연했다. 그녀가 남편의 어머니라는 것을 몇 번이나 들었는데도, 도저히 믿어지지 않았기 때문에 페르난다는 듣는 순간 잊어버렸던 것이다.

산타 소피아 데 라 피에다는 자신의 고생에 아랑곳하지 않는 듯했다. 그러나 우르술라가 죽고 나서 그녀의 빼어난 근면함이나 일에 있어서의 능력도 점차 쇠퇴하기 시작했다. 나이 탓으로 체력도 약해졌다. 그렇게 되자 부엔디아 가 전체가 하룻밤 사이에 노화의 위기에 빠지게 되었다.

집 안에 벌레들이 생겨, 아무리 비로 쓸고 살충제를 뿌리고 석회로 퇴치해도 벌레의 침입을 막을 수가 없었다.

페르난다는 아들에게 보내는 편지에 열중해 있어서, 집이 파손되고 있는 것도 몰랐다. 그래서 산타 소피아 데 라 피에다 혼자 벌레와 싸웠다. 잡초를 뽑고 나면 다시 거미줄과 싸우고, 흰개미 떼를 쓸어 냈지만, 아무리 열심히 청소를 해도 감당할 수가 없어서 그녀는 자신의 패배를 인정했다.

산타 소피아 데 라 피에다는 자신이 이 집에서 할 일이 없다는 것을 알고는 집을 나갔다. 그녀가 저택을 떠날 때 아우렐리아노는 열네 개의 금세공 물고기를 주었다. 그 후 그녀의 소식은 영영 끊어지고 말았다. 페르난다는 커피를 끓이는 요령부터 아우렐리아노에게 배워야만 했다. 그러나 그것도 잠시, 아우렐리아노가 부엌일을 맡아야 했다. 페르난다는 아침에 일어나서 아우렐리아노가 불에 얹어 놓은 식사를 가지러 나오는 일 외에는 침실에서 나오는 적이 없었다.

페르난다와 아우렐리아노는 서로의 외로움을 나누려 하지 않았다. 그저 각자 자기 세계에서 살았다. 각자의 방만 청소할 뿐, 거미줄이 화단을 눈처럼 하얗게 덮고, 천장이나 벽을 가리는 것도 말없이 보고만 있었다. 브뤼셀의 아마란타 우르술라나 로마의 호세 아르카디오는 페르난다의 편지를 통해 어머니가 행복하게만 살고 있는 줄 알았다. 페르난다는 어느 새 시간의 감각을 잃어버렸다. 그저 아이들의 편지와 귀가 날짜를 기준으로 해와 달을 계산했다.

아우렐리아노는 멜키아데스로부터 들은 카탈로니아 출신의 학자가 하는 서점에 양피지 속에 숨겨진 뜻을 푸는 데 필요한 책이 있다는 말을 기억해 냈다. 그것을 사러 가려고 했으나, 페르난다는 외출을 하고 싶다는 아우렐리아노의 부탁을 들어주지 않았을 뿐만 아니라, 그 날부터 온 집안의 열쇠를 들고 다녔다. 그는 다시 방 안에 틀어박혀 싫증도 내지 않고, 양피지를 훑어 보는 원래의 생활로 돌아갔다.

어느 날 아침, 전날에 페르난다를 위해 차려진 식사가 그대로 있는 것을 보고 아우렐리아노가 침실을 들여다보았다. 그녀는 수달 외투로 몸을 덮고 대리석 같은 살결로 침대에 누워 있었다. 아우렐리아노는 4개월 뒤 호세 아르카디오가 돌아올 때까지 시체를 그대로 두었다.

호세 아르카디오는 어머니와 꼭 닮아 있었다. 문을 열어 주었을 때, 아우렐리아노는 손님이 누구인지 금방 알아보았다. 호세 아르카디오는 곧바로 어머니의 침실로 갔다. 아우렐리아노는 시체를 보존하기 위해 4개월이나 수은을 태웠다. 호세 아르카디오는 페르난다가 쓴, 진실을 털어놓은 두툼한 편지 뭉치를 발견하고는, 그 편지를 읽다가 멈추고 새삼 아우렐리아노의 얼굴을 바라보았다.

"넌 애비 없는 자식이었군!"

"난 아우렐리아노 부엔디아야!"

"네 방에 가 있어!"

아우렐리아노는 쓸쓸한 초상을 치르는 소리가 들려왔을 때에도 밖으로 나오지 않았다. 호세 아르카디오가 말을 걸어오지 않았고 양피지 외의 일을 생각할 여유가 없었기 때문이었다.

페르난다가 사망했을 때 그는, 필요한 책을 사기 위해 카탈로니아 출신 학자의 서점에 갔다. 그는 뒤죽박죽으로 쌓여 있는 책더미 속에서 필요한 다섯 권의 책을 쉽게 찾아 냈다. 멜키아데스가 일러 준 곳에 있었기 때문이었다. 그리고 양피지의 글을 해석하는 데 몰두했다.

호세 아르카디오는 귀가한 지 며칠 후, 집 안을 대충 치웠다. 그는 집에서 식사를 하지 않았다.

사실 그는 로마에 도착하자 곧 신학교를 떠났다. 그와 페르난다는 서로 거짓말을 하고 있었던 것이다.

그는 귀가한 후 일 년 쯤 되었을 때, 먹고 살기 위해 은제 촛대와 가제도구를 전부 팔아치웠다. 그의 유일한 즐거움은 집으로 이웃 아이들을 불러 노는 일이었다. 한낮이 되면 아이들을 데리고 나타나 마당에서 줄넘기와 노래를 시키거나 광대놀이를 시키고는, 자신은 아이들 사이를 걸어다니며 예의를 지키라고 잔소리만 했다. 아이들이 멜키아데스의 방에 오지 않는 한, 아우렐리아노는 아이들이 이 집에 오는 것에 마음을 쓰지 않았다.

그 후 어느 날부터 곱슬머리에 토끼와 같이 빨간 눈을 가진 한 아이가 이 집에서 묵게 되었다. 호세 아르카디오가 천식으로 잠을 이루지 못하는 밤에도 그 아이는 호세 아르카디오 곁을 떠나지 않고 보살폈다. 그러던 어느 날 밤, 두 사람은 우르술라의 침대가 있던 자리에서 투명한 노란빛이 반사되는 것을 발견했다. 아우렐리아노 세군도가 미친 듯이 찾아다녔으나 끝내 찾아 내지 못했던 비밀의 장소가 드디어 나타났던 것이다. 바로 금을 묻어 둔 곳이었다.

호세 아르카디오는 갑자기 생긴 금으로, 이 집을 환락의 천국으로 만들어 버렸다. 곳간에는 유명한 와인을 저장했고, 침실의 커튼을 바꾸고 욕실을 화려하게 꾸몄다. 그리고 아이들과 파티를 열고 새벽까지 떠들어 댔다. 욕조에 물 대신 샴페인을 채우기도 했다.

그러던 어느 날, 그는 소란을 피우고 난 후의 적막함 속에서 자신에 대한 혐오감과 연민으로 화가 난 나머지, 회초리를 꺼내 미치광이처럼 악을 쓰며 아이들을 집에서 내쫓았다. 그렇게 녹초가 되어 천식으로 발작을 일으킨 그는, 3일간을 버둥거리다가 결국 아우렐리아노에게 도움을 청했다.

이렇게 해서 둘 사이의 교류가 시작되었다. 호세 아르카디오는 아우렐리아노에게 하고 싶을 때 외출을 하도록 허락했다. 그리고 그의 방까지 작은 햄이나 설탕조림한 꽃, 고급 포도주를 가져다 주기도 했다. 양피지에 관심을 보이지는 않았으나 외로운 사나이가 가지고 있는 신기한 지혜나, 설명이 안 되는 슬기로움에 마음이 끌렸다. 같은 피를 나눈 외로운 두 사나이의 교제는 우정과는 거리가 있었으나, 밑도끝도없는 고독을 서로 잘 견디어 내는 데는 쓸모가 있었다.

무더운 어느 날, 두 사람은 요란스럽게 문을 두드리는 소리에 잠에서 깨어났다. 찾아온 사람은 아무리 보아도 거지로밖에는 보이지 않았다. 하지만 몸가짐에는 겉보기와 다른 기품이 있었다. 그는 아우렐리아노 부엔디아 대령의 열일곱 명의 자식 중 유일하게 살아 남은 아우렐리아노 아마도르로 휴식을 찾아 이 곳에 온 것이었다. 그런데 호세 아르카디오나 아우렐리아노는 그를 기억하고 있지 않았다. 단순한 부랑인으로 생각한 그들은 그를 밖으로 밀어 냈다.

두 사람은 호세 아르카디오가 철이 들기 전부터 시작된 비극의 결말을 문에 서서 목격했다. 몇 해 동안 아우렐리아노 아마도르를 쫓으며 추격해 온 두 경관이 반대쪽 보도의 나무 그늘에 나타나 두 발의 권총으로 정확히 그를 맞추었던 것이다.

9월의 어느 날 아침, 호세 아르카디오가 목욕을 마치려고 할 무렵에 저택에서 쫓겨난 네 명의 아이가 숨어들어왔다. 옷을 입은 채 욕조에 뛰어든 아이들은, 호세 아르카디오의 머리채를 잡고 물 속에 밀어넣어 죽이고 말았다. 그리고 금화 푸대를 훔쳐갔다.

아우렐리아노는 방에 죽치고 있어서 이 사건을 전혀 알지 못했다. 오후가 되어도 호세 아르카디오가 모습을 보이지 않자, 그를 찾아 돌아다니다가 욕조에서 그의 시체를 발견했다. 그 때서야 비로소, 그는 자신이 호세 아르카디오를 얼마나 사랑하고 있었는지 깨달았다.

20

12월에 아마란타 우르술라가 남편과 함께 돌아왔다. 반년 전에 결혼한 남편은 선원의 느낌이 드는 말쑥한 중년의 벨기에 사람이었다. 그녀는 문을 여는 순간, 그 사이 집이 황폐해졌다는 것을 알아차렸다.

긴 여행을 하고서도 그녀는 하루도 쉬지 않고 집 수리를 했다. 복도에 있는 불개미를 몰아 내고, 장미 화단을 옛 모습으로 복구시켰다. 목수와 열쇠 수리공과 미장이를 시켜 갈라진 바닥을 메우고, 문과 창문틀을 바로잡았다. 가구를 교체하고 벽의 안팎을 다시 칠했다. 그래서 3개월 후에는 생기 있고 화창한 분위기를 되찾았다. 그녀처럼 명랑하고, 노래하고 춤추기를 좋아하며, 낡은 물건이나 습관을 아낌없이 버리는 사람은 지금까지 이 집에는 없었다. 하지만 그녀는 레메디오스의 사진만은 손대지 않았다.

그녀는 현대적이며 자유로운 정신의 소유자였다. 너무 활달하고 개방적으로 행동했기 때문에, 아우렐리아노는 처음에 어리둥절했다. 그녀는 가지고 온 휴대용 플레이어에 음반을 얹고, 그에게 유행하는 댄스를 가르쳐 주고자 했다. 아우렐리아노가 멜키아데스의 방에 오래 앉아 있으면 바깥으로 밀어 냈다.

집으로 돌아온 지 일 년이 지나도 친구 하나 생기지 않았고, 파티 한 번 하지 않았지만 아마란타 우르술라는 이 불행한 도시를 예전으로 돌릴 수 있다고 확신했다. 남편 가스톤은 가급적 그녀에게 거슬리지 않으려고 했다. 아내가 귀향을 결심한 것은 신기루와 같은 향수 탓이며, 머지않아 환멸을 느끼게 될 것이라고 믿었다. 그래서 그는 자전거를 조립하려고도 하지 않았다.

얼마 후 아마란타 우르술라가 지루함을 달래기 위해 다시 지붕 수리를 계속할 셈이라는 것을 알고 그 때서야 자전거를 조립했다. 그는 자전거를 타고 다닐 때는 곡예사처럼 타이트하고 화려한 양말을 신고 탐정 같은 모자를 눌러썼다. 걸어다닐 때에는 새하얀 마지 양복에 흰구두, 비단 넥타이를 매고 모자 차림으로 다녔다. 파란 눈동자가 뱃사람 같은 느낌을 더욱 강하게 하는 그는, 아내보다 열다섯 살 많았다. 무슨 일에나 신중한 이 40대 남자를 본 사람은, 그가 나이 어린 아내와의 분방한 사랑에 열중하고 있다고는 누구도 상상하지 못했다. 처음 만났을 때부터 두 사람은 내키기만 하면, 그 곳이 어디든지 그 자리에서 서로 사랑을 표현했다. 가스톤은 끝이 없을 만큼의 지식과 상상력을 갖춘 맹렬한 애인이었다.

그들은 결혼 삼 년 전부터 알고 지냈다. 스포츠용 비행기를 타고 아마란타 우르술라가 다니던 학교의 상공을 선회하던 가스톤이, 깃발을 피하려다가 전선에 거꾸로 매달렸던 것이다. 이 때부터 그는 주말이 되면 부목을 대고서도, 아마란타 우르술라가 살고 있던 수녀들의 하숙집에 들러 그녀를 데리고 스포츠 클럽에 갔다. 그들은 고도 5백 미터의 바람 속에서 사랑하기 시작했으며, 하늘 높이 올라가 땅 위의 있는 것들이 작아지면 작아질수록 서로의 마음이 통함을 느꼈다. 그러나 그녀의 향수로 미화된 도시의 추억이 너무나 집요하고 애절했기 때문에, 가스톤은 그녀와 함께 마콘도에 가서 살지 않으면 결코 결혼해 주지 않으리라고 생각했다. 그러나 한편으로는 언젠가는 사라질 일시적인 기분이라고 생각했다.

그런데 마콘도로 옮겨 와 이 년이 경과해도 아마란타 우르술라는 도착한 그 날과 마찬가지로 여전히 흐뭇해했다. 그제서야 그는 불안을 느끼기 시작했다. 그 무렵 그는 이미 이 근방의 곤충을 전부 표본으로 만들었고, 사람들과 에스파냐 어로 말할 수 있게 되었다. 또한 잡지나 퍼즐을 모두 읽을 수 있었다. 태어나면서 객지 생활에 맞는 몸을 타고 났는지 더위나 장구벌레가 우글거리는 물에도 건강을 해치지 않았다. 음식도 입맛에 맞아 이구아나의 알을 한자리에서 여든 두 개나 먹은 적도 있었다. 이와는 달리 아마란타 우르술라는 얼음에 채운 생선이나 조개, 고기 통조림이나 과일조림 등을 일부러 기차로 날라다가 그것만 먹었다.

가스톤은 심심풀이로 멜키아데스의 방에 있는 무뚝뚝한 아우렐리아노의 곁에서 오전을 보냈다. 그 무렵, 아우렐리아노는 오후가 되면 시간을 정해 놓고 외출을 했다. 가스톤과 그의 아내는 그를 일가의 생활 속에 끌어들이려고 했으나, 아우렐리아노는 세상과 등진 사람이었다. 그에게서는 시간이 지날수록 더 짙은 신비의 그림자만 발견할 뿐이었다. 그래서 그와 친해 보고 싶었던 가스톤은 시간을 죽이기 위해 다른 즐거움을 찾아야만 했다.

그가 항공로를 개설하고자 한 것은 그 무렵이었다. 그 전부터 생각하고 있던 계획이었다. 장소는 마콘도가 아니라 벨기에령 콩고였다. 다만, 아내의 환심을 사기 위해 자신의 계획을 연기했다가, 아마란타 우르술라가 귀국의 뜻을 비쳐 보아도 웃으며 상대하지 않는 것을 보고는 장기전을 각오한 것이다.

그는 브뤼셀의 친구와 접촉을 시작했다. 어쨌든 그는 마콘도에 정주할 구실을 찾는 데 열중하여 주에까지 가서 관리들을 만나, 인가를 얻는 동시에 독점적인 계약을 맺는 데 성공했다.

상대의 거듭되는 약속을 믿고 기상관측을 하고 나서, 그는 일 년 후에 비행기가 나타날 것을 상상하며, 거리를 걸으면서 하늘을 쳐다보고 가슴을 울렁이는 버릇이 생겼다.

한편, 아마란타 우르술라 자신은 잘 느끼지 못했지만, 그녀가 오고부터 아우렐리아노는 생활이 크게 변했다. 호세 아르카디오가 죽고 나서 그는 카탈로니아 태생 학자의 서점에 부지런히 드나들었다. 게다가 마음대로 사용할 수 있는 시간으로 고장에 대한 호기심이 생겼다. 아우렐리아노가 돌아다니며 만난 사람 중 그의 가족을 알고 있는 사람은, 안틸리아 제도에서 온 흑인 중에 나이가 가장 많은 남자가 유일했다.

아우렐리아노는 2, 3주 동안 외운 까다로운 파피아멘타 어로 흑인과 말을 주고받았다. 가끔 흑인의 손녀 니그로만타가 만든 닭대가리 수프를 같이 마시기도 했다. 그러나 그 흑인이 사망하자 아우렐리아노의 발걸음도 자연히 멀어지게 되었다. 하지만 광장의 어둑한 아몬드 나무 그늘에 가면 지나가는 사내들의 마음을 끌려는 니그로만타를 만날 수 있었다. 그러나 아우렐리아노는 그녀와 잠을 자지는 않았다.

그는 아직 숫총각이었다. 어느 날 밤 가스톤 부부는 그의 침대에서 10미터도 떨어져 있지 않는 곳에서 사랑을 나누고 있었다. 아우렐리아노는 한숨도 자지 못했을 뿐 아니라, 다음 날은 열까지 나고 화가 난 나머지 울어 버렸다.

그는 그날 밤, 돈을 가지고 아몬드 나무 그늘에서 니그로만타를 기다렸다. 그 후 그는 오전에는 양피지의 해독에 열중하고, 낮잠 시간이 되면 니그로만타의 집으로 갔다. 그는 니그로만타에게 아마란타 우르술라를 사랑한다면서 그 사랑이 너무 깊어 괴롭다고 말했다. 해가 저물고 니그로만타가 손님을 끌어오기 위해 광장으로 나가면, 아우렐리아노는 집으로 돌아가 그 시각에 식사를 하고 있는 가스톤과 아마란타 우르술라에게 말도 건네는 법 없이 방 안으로 들어갔다.

그러던 어느 날 오후, 그가 서점에 들렀더니, 말솜씨 좋은 네 명의 젊은이가 중세에 사용된 바퀴벌레 퇴치법에 대해 토론을 벌이고 있었다. 아우렐리아노의 기호를 알고 있는 서점 주인은 그에게 토론에 참가하도록 권했다. 그 날부터 아우렐리아노는 저녁때가 되면 최초이자 최후의 친구들인 알바로, 헤르만, 알폰소, 가브리엘의 네 논객과 만났다. 책 속에 갇혀 있던 그는 오후 여섯 시에 서점에서 시작되어 새벽녘 사창굴에서 끝나는 이 시끌시끌한 모임에 계속 참석했다.

아우렐리아노 자신은 공통된 애정과 연대감으로 네 사람의 친구와 결합되어 있다고 느끼고, 그들을 마치 한 가족처럼 생각하고 있었다. 그 중에서도 가브리엘과 가장 가까웠다. 많은 사람들이 아우렐리아노 부엔디아 대령을 정부가 조작해 낸 인물로 보았지만, 가브리엘은 대령이 실제 인물임을 의심하지 않았다. 왜냐하면 그의 증조할아버지가 헤르네르도 마르케스 대령의 전우이며 둘도 없는 친구였기 때문이다.

사람들의 건망증은 학살 사건에 이르면 더욱 심해져서, 아우렐리아노가 옳은 얘기를 전해 줘도 역으로 쫓긴 노무자나 죽은 자를 적재한 열차 얘기는 엉터리이고, 바나나 회사는 존재하지도 않았다고 주장했다.

그리하여 아우렐리아노와 가브리엘은 아무도 믿으려 하지 않는 사실에 근거한 공범 관계로 결합되었다. 그 사실은 두 사람의 생활에 크게 영향을 미쳤다.

다섯 친구들은 무질서한 생활이었는데도, 서점 주인의 권고로 뭔가 계속적인 일을 하려고 노력했다. 또 카탈로니아 학자인 서점 주인은 고전 문학 교사였던 옛 경험과, 창고에 쌓인 희귀도서의 도움을 빌어 그들을 가르쳤다. 이제껏 금지되었던 세계의 매력에 흠뻑 빠진 아우렐리아노는 양피지의 연구를 게을리하게 되었다.

가스톤이 비행기의 도착을 기다리게 된 것은 그 무렵이었다. 한가한 시간이 생겨나면서 아마란타 우르술라는 가끔씩 아우렐리아노의 방을 찾았다. 그러면 아우렐리아노는 산스크리트 어의 케케묵은 운명이나, 종이 뒤에 쓴 것을 역광선으로 분명하게 읽을 수 있듯이 미래를 과학의 힘으로 알 수 있고 예언도 할 수 있다고 이야기했다. 용무가 있을 때마다 이따금 얼굴을 내미는 그녀를 보며 아우렐리아노는 희망을 갖기 시작했고, 가끔 집에서 식사를 하게 되었다.

가스톤은 비행기의 발송 통지는 있었으나 배가 도무지 도착하지 않는다며 투덜댔다. 사정을 제대로 알기 위해서는 브뤼셀을 다녀와야겠다고 했다. 그러나 아마란타 우르술라가 비록 남편을 잃더라도 마콘도를 떠날 수 없다는 말을 입에 올리는 순간, 그 계획은 수포로 돌아갔다.

그러던 어느 날, 아마란타 우르술라가 복숭아 통조림을 열려고 하다가 손가락에 상처를 입자 아우렐리아노가 재빨리 달려와 그 피를 빨았다. 그녀는 온몸에 소름이 끼쳤다.

아우렐리아노는 자제심을 잃고 한밤중에 일어나 외로움과 화가 난 나머지 욕실에 널려 있는 그녀의 속옷에 얼굴을 묻고 울었다는 얘기, 몸을 파는 처녀들의 목덜미에 뿌리기 위해 그녀의 향수를 훔쳐 냈다는 것을 그녀에게 고백했다. 맹렬한 고백에 놀란 아마란타 우르술라는 배편이 마련되는 대로 곧 떠나겠다며 화를 냈다.

매일 들르던 서점에 들어선 알바로가 어느 날, 동물원 같은 매음 소굴을 발견했다고 큰 소리로 외쳤다. 그 곳은 '황금동자'라는 널찍한 노천 살롱이었다. 다섯 친구가 이 꿈의 온실을 방문한 첫날, 등나무 흔들 의자에 앉아 출입을 지켜보던 노파가 들어온 다섯 명의 손님 중에 한 남자를 보며 '아우렐리아노'라고 중얼거렸다. 그 노파는 바로 피라르 테르네라였다.

그녀는 몇 해 전에 백 마흔네 살이 되자, 나이를 헤아리는 성가신 일을 집어치웠다. 그날 밤부터 아우렐리아노는 노파의 애정과 동정을 느끼며, 그 옛날 집안의 성쇠와 마콘도의 번영했던 모습에 관한 이야기를 들으며 우정을 쌓아 갔다. 그리고 그는 이 모성애가 넘치는 여주인에게 모든 것을 털어놓으려고 마음먹었다. 하지만 노파의 무릎을 붙들고 훌쩍훌쩍 우는 것이 고작이었다.

그녀는 곧바로 눈치채고 누구를 사랑하느냐고 물었다. 아우렐리아노가 아마란타 우르술라라고 말하자 피라르 테르네라는 웃음이 터져 나왔다. 이 집안의 역사는 멈춰 설 수 없는 톱니바퀴라는 것, 영원히 회전하는 바퀴라는 사실을 그녀는 알고 있었던 것이다.

오후 네 시 반, 아마란타 우르술라가 욕실에서 나왔다. 아우렐리아노는 목욕 가운을 걸치고 방 앞을 지나가는 아마란타 우르술라를 보고는 뒤따라가 그녀가 막 목욕 가운을 벗는 순간 부부의 침실로 들어갔다. 그녀는 놀라며 문이 약간 열린 옆방을 말없이 가리켰다. 그 곳에서는 가스톤이 편지를 쓰고 있었다.

아우렐리아노는 싱긋 웃고는 그녀를 안아올려 침대에 내려놓았다. 시간이 지나면서 두 사람은 적인 동시에 공범자임을 의식하고 있었다.

21

축제가 있던 어느 날 밤, 피라르 테르네라는 등나무 흔들 의자에 앉아 낙원의 입구를 지켜보고 있는 듯한 모습으로 숨을 거두었다.

카탈로니아 태생의 학자는 서점을 팔고 지중해의 고향 마을로 돌아가고자 했다. 거듭되는 전란을 피해 그가 마콘도에 처음 나타난 것은 바나나 회사가 번영을 과시하던 때였다. 그는 생활을 꾸려나가기 위해 고판본이나 몇 개 국어의 원서를 취급하는 책가게를 냈다.

아우렐리아노가 그를 알게 되었을 무렵에는 멜키아데스의 양피지와 비슷한 종이 꾸러미가 두 상자에 넘칠 정도였다. 그 날부터 마콘도를 떠날 때까지 세 개째의 상자가 가득 찬 것을 보면, 이 곳에 묵고 있는 동안 다른 일은 일체 하지 않은 것 같았다. 노학자는 고향으로 돌아갈 때도 기어코 이 세 상자를 가지고 가겠다고 고집을 부렸다.

헤르만과 아우렐리아노가 마지막까지 그의 뒷바라지를 해 주었다. 여권이나 출국 관계 서류를 주머니에 안전핀으로 찔러 주었고, 마콘도를 출발해 바르셀로나에 도착할 때까지 해야 할 일을 카드에 적어 주었다.

그가 떠난 지 삼개월 뒤에 28통의 편지와 50장 이상의 사진이 들어 있는 큰 봉투가 도착했다. 날짜는 없었으나 편지가 씌어진 순서는 있었다. 처음에는 기분 좋은 여행 이야기에 대해 쓰고 있었다. 그런데 날이 지남에 따라 배에서의 생활에 흥미가 사라지면서부터, 그리움과 우울함이 심해져 갔다.

답장은 헤르만과 아우렐리아노가 썼다. 처음 몇 달은 서로 편지를 주고받으며 마콘도에 있었던 때보다 더 친근하게 그를 느꼈다. 그가 떠난 것에 대한 원망조차 사라질 정도였다. 활기와 자극에 넘치던 편지에 때로 마콘도에 대한 그리움을 담고 있기도 했다. 그러면서 노학자는 마침내 모두에게 마콘도를 버리고 이 세계와 인간에 대해 자신이 얘기한 모든 것을 잊어버리라고 했다. 어느 고장에 가든 과거는 모두 속임수라는 것, 기억에는 귀로가 없다는 것, 봄은 다시 올 수 없다는 것, 연애는 아무리 격렬해도 결국 순간에 불과하다는 것을 절대로 잊지 말라고 했다.

먼저 알바로가 마콘도를 떠났다. 이어 알폰소와 헤르만이 떠났다. 카탈로니아 태생의 학자가 떠나고 난 일 년 뒤, 마콘도에는 가브리엘뿐이었다. 그는 특상으로 파리 여행을 내걸고 있는 프랑스 잡지의 퀴즈 추첨에 부지런히 응모하고 있었다.

이제 마콘도는 완전히 폐허가 되었다. 가브리엘이 당첨되어 두 벌의 양복과 한 켤레의 구두와 라블레 전집만 가지고 파리로 떠날 때에도, 일부러 기관사에게 신호를 하지 않으면 기차가 떠나지 못할 형편이었다. 터키 인 거리에도 그 무렵에는 손님이 없었다.

새들에게도 버림을 받고 먼지와 더위가 심해 호흡도 제대로 하지 못하는 마콘도였지만, 아우렐리아노와 아마란타 우르술라만은 행복했다. 가스톤은 오래 전에 브뤼셀로 돌아갔다. 비행기를 기다리다 지친 그는 어느 날, 필요한 개인 물품과 편지 파일을 조그만 손가방에 넣고 마콘도를 떠났다.

두 사람만이 저택에 남게 되자, 그들은 사랑을 나누는 데 열중했다. 사랑에 빠져 있는 동안 그녀는 개미가 마당에서 판을 치고 있는 것을 보았다. 잡초가 다시 복도에서 자랐으나, 침실을 침범하지 않는 한 잡초를 없애려고 하지 않았다. 아우렐리아노는 양피지를 돌아보지도 않았다. 또한 집에서 나오려고도 하지 않았다. 다만 카탈로니아 태생 학자의 편지에 적당한 답장을 썼다. 현실 감각이나 시간 관념, 일상의 리듬이 사라지고 있었다.

그러던 어느 날, 가스톤으로부터 불쑥 집으로 돌아오겠다는 연락이 왔다. 아우렐리아노와 아마란타 우르술라는 눈을 크게 뜬 채, 각자 자신의 마음을 살펴보았다. 그들은 얼굴을 마주 보면서 이제는 서로가 한 몸이며 이별하느니 차라리 죽는 편이 낫다고 생각했다. 그래서 그녀는 남편에게 아우렐리아노 없이는 살아갈 수 없다는 답장을 보냈다.

가스톤은 두 사람의 예상과는 달리, 사랑의 덧없음을 훈수하며 자신의 짧았던 결혼 생활처럼 두 사람도 행복하라는 답변을 보내 왔다. 아마란타 우르술라는 예상치 못했던 답변으로 오히려 모욕을 당한 느낌이었다. 자기를 버릴 수 있는 절호의 핑계를 남편에게 준 것 같았다. 가스톤이 남겨 두고 간 돈을 다 쓰고 생활이 어려워졌지만 생활의 궁핍이 둘 사이의 애정을 오히려 든든하게 만들었다.

피라르 테르네라가 사망했을 때, 그들은 아기가 탄생하기를 기다리고 있었다. 아마란타 우르술라는 임신 중의 나른한 몸으로 생선 뼈로 만든 목걸이 장사를 시작했다. 그러나 사는 사람이 없었다. 아우렐리아노는 자신의 말재간이나 백과사전적인 지식과 같은 능력이 아무 쓸모가 없다는 것을 깨달았다.

아마란타 우르술라는 명랑함을 잃지 않았으나, 점심 후에는 복도에 앉아 생각에 잠기는 묘한 버릇이 생겼다. 아우렐리아노도 곁에 함께 앉았다. 해가 질 때까지 말없이 마주 보며 서로의 눈동자 속을 들여다보았다. 요란스럽게 사랑하던 때와 같은 애정을 담고 조용히 애무를 나누었다.

미래에 대한 불안은 두 사람의 마음을 과거로 돌려놓았다. 그러면서 철이 든 무렵부터 두 사람은 함께 있기만 하면 행복했었다는 것을 떠올렸다. 안뜰의 물을 차며 뛰어다니거나 도마뱀을 죽여 노망이 난 우르술라의 몸에 매달아 놓기도 했고, 장난 삼아 그녀를 생매장하기도 했었다.

아마란타 우르술라는 과거를 떠올리며 금세공 작업장에 들어간 그녀를 본 어머니가 아우렐리아노는 버려진 자식이며, 요람에 넣어져 냇물에 떠 있는 것을 건져왔다고 일러 주던 것을 생각해 냈다. 미심쩍기는 했지만 진상을 밝힐 만한 자료는 없었다. 다만 한 가지 확실한 것은 페르난다가 아우렐리아노의 생모가 아니라는 것이었다.

아우렐리아노는 아마란타 우르술라와 남매 사이가 아닐까 하는 생각에 괴로워한 나머지, 사제관을 방문해 혈통을 증명할 만한 것을 찾아보았다. 간신히 찾아 낸 가장 오래 된 세례 증명서는, 니카노르 신부에게 세례를 받은 아마란타 우르술라의 것이었다. 자신이 예의 열일곱 명의 아우렐리아노 형제 중에 한 사람이 아닐까 상상한 그는 그 출생 기록을 찾기 위해 네 권의 대장을 뒤져 보았으나, 자신의 나이와는 너무나 차이가 있었다.

불안해하며 혈통 찾기의 미로를 헤매는 그를 보고, 사제는 딱하게 여겨 그의 이름을 물었다.

"아우렐리아노 부엔디아입니다."

"그렇다면 아무리 뒤져 보아도 헛수고야. 옛날 일이지만, 아우렐리아노의 거리가 있었지. 그 무렵 사람들은 아기들에게 그런 이름을 붙여 주었어."

아우렐리아노는 노여워하며 외쳤다.

"그럼 신부님도 믿지 않으시는군요. 아우렐리아 부엔디아 대령이 서른두 번이나 반란을 일으키고 그 때마다 패했다는 사실을요. 그리고 군대가 3천 명의 노무자를 기관총으로 난사하고는, 이백 량이나 되는 열차로 시체를 운반해서 바다에 버린 사실을 말이에요."

사제는 연민의 눈으로 그를 지켜보며 한숨을 쉬었다.

결국 아우렐리아노와 아마란타 우르술라는 아우렐리아노가 요람에 실려 떠내려왔다는 얘기를 믿기로 했다.

임신한 뒤로 시간이 흐름에 따라 그들은 더욱 색다른 인간이 되어 갔다. 아마란타 우르술라는 태어날 아이를 위해 옷가지나 모자를 짰고, 아우렐리아노는 가끔씩 노학자에게 답장을 썼다. 금세공 작업장이나 멜키아데스의 방은 감히 들어서려는 자가 없는 밀림 속에 버려져 있었다.

고독한 두 사람은 태어날 아이를 충실한 사랑으로 맞이하고자, 서로의 손을 마주 잡고 몇 달을 보냈다. 밤에 침대에서 포옹한 그들은 개미의 침입이나 좀이 내는 요란한 소리, 또 옆방에서 들리는 잡초가 뻗어가는 소리에도 놀라지 않았다. 하지만 죽은 식구들이 꿈에 나타나 놀라서 깨곤 했다.

일족의 피를 이어가려는 자연의 법도와 싸우고 있는 우르술라, 위대한 문명의 이기라는 꿈을 좇고 있는 호세 아르카디오 부엔디아, 오직 하나님께 기도하는 페르난다, 반란의 꿈과 물고기의 금세공 속에서 노망이 들어 가는 아우렐리아노 부엔디아 대령, 남녀간의 사랑 속에 고독으로 괴로워하는 아우렐리아노 세군도……. 그들의 소리를 가까이에서 들으며 강한 집념은 죽음보다 강하다는 사실을 깨달았다.

어느 일요일 오후, 아마란타 우르술라는 산기를 보였다. 탯줄을 자른 뒤 산파가 갓난아기를 엎어 놓았을 때, 산파는 깜짝 놀랐다. 엉덩이에 돼지 꼬리가 붙어 있었던 것이다. 그러나 그들은 당황하지 않았다. 아우렐리아노도 아마란타 우르술라도 일가에 그 선례가 있다는 것을 알지 못했고, 우르술라의 무서운 경고를 기억하고 있지도 않았다. 산파도 젖니를 갈 나이가 되면 돼지 꼬리가 저절로 떨어져 나갈 것이라며 두 사람을 안심시켰다.

그러나 이 일은 바로 잊혀졌다. 아마란타 우르술라의 출혈이 그치지 않았던 것이다. 처음에는 그녀도 가급적 명랑한 체했지만, 아우렐리아노가 희망을 잃어 감에 따라, 마치 빛을 빼앗긴 듯이 혼수 상태에 빠져 들었다. 아기를 낳은 지 하루 만에 그녀는 사망했다. 아우렐리아노는 이 때 비로소 자기가 얼마나 친구들을 사랑하고 있었으며, 얼마나 그들을 필요로 하는지 깨달았다. 그들이 이 곳에 오도록 하기 위해서라면 어떤 대가를 지불해도 좋다고 생각했다.

근래에 찾아갔던 약국의 문을 두드렸으나 그 곳은 목수의 작업장이었다. 등불을 들고 나타난 노파는 연민의 눈으로 바라보며, 이 곳에는 약국을 차린 적이 없으며 그런 이름의 사람은 들어 본 적도 없다고 말했다. 그는 카탈로니아 출신 학자의 서점 문에다 이마를 대고 울었다. 또 주먹에 피가 맺히도록 '황금동자'의 벽을 치며 피라르 테르네라의 이름을 불렀다.

그는 문이 열린 살롱에서 브랜디 한 병을 마시며 주인과 서로 껴안고 울었다. 한순간이었으나 아우렐리아노는 고통이 사라지는 것을 느꼈다. 아침이 찾아와 다시 홀로 되자, 그는 광장 한가운데로 뛰쳐나와 힘껏 소리쳤다.

"친구 따윈 똥만도 못해!"

니그로만타가 눈물 어린 얼굴로 아우렐리아노를 자신의 방으로 데리고 갔다. 새벽녘, 잠시 동안 꾸벅꾸벅 졸던 아우렐리아노는 갑자기 아기 생각이 나서 집으로 달려갔다. 요람 속에는 아기의 모습이 보이지 않았다. 아마란타 우르술라의 시체는 담요 밑에 있었다.

그 때, 아기의 모습이 눈에 들어왔다. 부풀어오른 메마른 가죽 푸대와 같은 작은 시체를 부지런한 개미 떼들이 샛길로 운반해 가는 중이었다. 그 순간, 아우렐리아노는 온몸에 전율을 느꼈다. 멜키아데스가 남겨 둔 양피지의 글귀들이 눈앞에 떠올랐기 때문이었다.

'이 집안의 최초의 인간은 나무에 묶이고 최후의 인간은 개미의 밥이

될 것이다.'

이 때만큼 그가 과단성 있게 행동한 적도 없었다. 그는 널빤지를 창문에 비스듬히 대고 못질을 했다. 멜키아데스의 양피지에 자기의 운명이 적혀 있다는 사실을 깨달았던 것이다.

그는 양피지의 문장을 읽어 내려갔다. 조금도 막히는 대목이 없었다. 마치 에스파냐 어로 씌어진 것을 밝은 태양빛 아래서 읽는 듯했다. 양피지의 내용은 아주 사소한 일까지 적혀 있었다. 백 년 전에 멜키아데스에 의해 편찬된 한 집안의 역사였다. 그의 모국어인 산스크리트 어로 기록되었으며, 짝수 행은 아우구스투스 황제가 개인적으로 사용한 암호로, 또 홀수 행은 스파르타의 군대가 사용한 암호로 짜여 있었다.

아우렐리아노가 어렴풋이 이해하면서도 최후까지 풀 수 없었던 것은 멜키아데스가 인간의 예사로운 시간 속에 사실을 배열한 것이 아니라, 백 년에 걸친 사건을 순간적으로 압축해 놓았기 때문이었다.

이 발견에 흥분한 그는, 문자 그대로 승천하게 될 세계 제일의 미녀의 탄생이 거기에 예언되어 있는 것을 보았다. 무능과 변덕 때문이 아니라 시기상조였기에, 양피지의 해독을 중도에서 포기해야 했던 쌍둥이 형제도 알게 되었다.

여기까지 읽어내려 갔을 때, 그는 자신의 출생의 비밀이 알고 싶어 단숨에 몇 장을 넘겼다. 그는 한 직공이 반항 때문에 몸을 맡긴 여자를 상대로 어둠침침한 욕실에서, 무리를 짓고 있는 전갈과 노란 나방 속에서 행해진 자신의 수태 순간과 만났다.

넋을 읽고 있던 그는, 강풍으로 문이나 창문이 떨어져 나가고 동쪽 복도의 천장이 내려앉고 토대가 무너지는 것도 몰랐다. 비로소 그는 아마란타 우르술라가 누나가 아니라 이모라는 사실도 알았다. 또 프란시스 드레이크가 리오아챠를 습격한 것은, 뒤얽힌 핏줄의 미로 속에서 그들 두 사람이 서로 상대를 알아 가고, 가계를 끊을 운명을 짊어진 괴물을 낳기 위해서였다는 사실도 깨달았다.

그는 이미 알고 있는 사실에 시간을 소비하는 것을 멈추고, 열한 페이지를 넘기고서 지금 살아 있는 순간의 해독에 접어들었다. 시시각각 수수께끼를 풀어 가며, 예언을 앞질러 자기가 죽는 날과 그 때의 모습을 알기 위해 다시 책장을 넘겼다. 그러나 그는 마지막 행에 이르기도 전에 이 방에서 나가지 못하리란 것을 알고 있었다.

왜냐하면 아우렐리아노가 양피지의 해독을 마친 그 순간에 신기루의 도시는 바람에 의해 무너져, 인간의 기억에서 사라져 버릴 것을 알았기 때문이다.

그리고 백 년의 고독을 운명으로 타고난 가계는 두 번 다시 이 지상에 나타나지 않을 것이었다. 거기 적혀 있는 모든 것은 과거와 미래를 포함해 영원히 반복의 가능성이 없었기 때문이다.

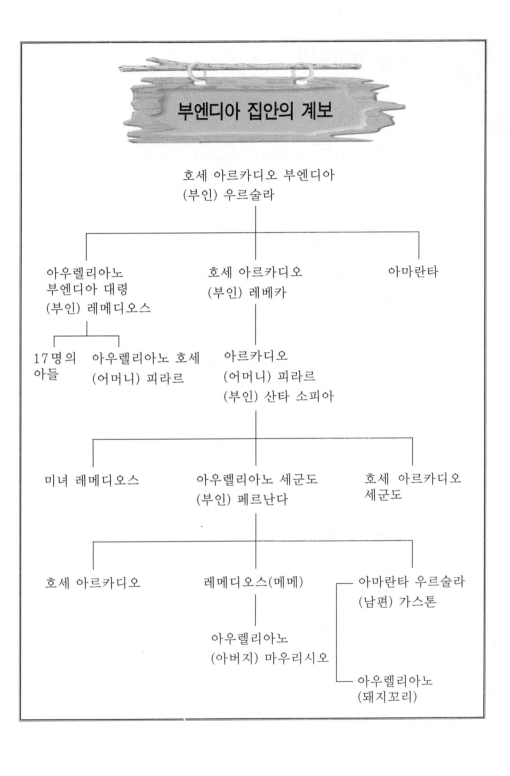

부엔디아 집안의 계보

호세 아르카디오 부엔디아
(부인) 우르술라

아우렐리아노
부엔디아 대령
(부인) 레메디오스

호세 아르카디오
(부인) 레베카

아마란타

17명의
아들

아우렐리아노 호세
(어머니) 피라르

아르카디오
(어머니) 피라르
(부인) 산타 소피아

미녀 레메디오스

아우렐리아노 세군도
(부인) 페르난다

호세 아르카디오
세군도

호세 아르카디오

레메디오스(메메)

아마란타 우르술라
(남편) 가스톤

아우렐리아노
(아버지) 마우리시오

아우렐리아노
(돼지꼬리)

작품 알아보기
(장편문학)

〈**백년 동안의 고독**〉은 중남미 대륙에 얽힌 백년 동안의 삶의 투쟁을 실감나게 표현한 작품이다. 풍부한 상상력을 바탕으로 현실과 환상을 절묘하게 조화시키고, 과장된 표현으로 장엄하고 웅대한 신화를 대하듯 작품을 전개시키고 있다. 이 작품의 중심 공간인 마콘도라는 상상의 마을은 남미 대륙을 축소한 것과 마찬가지이다.

백 년을 훌쩍 넘어 존재하는 우르술라의 생애를 중심 축으로 한 부엔디아 가문의 1백 년 흥망성쇠는 라틴아메리카의 복합적인 인종, 문화, 역사적 전통과 현실을 배경으로 한 것이다. 무리를 이끌고 이곳저곳 떠돌던 '호세 아르카디오 부엔디아'는 마침내 마콘도라는 늪지대에서 새롭게 마을을 일구게 된다. 그 곳에서 그의 아내 우르술라와 함께 그의 자식들 5대가 엮어 내는 백 년 동안의 가족사가 이 소설의 중심 내용이다. 그들은 혁명에 휩싸이기도 하고, 사랑과 욕망을 위해 일생을 허비하기도 한다. 결국 흥망성쇠의 예정된 길을 거쳐 이 가문은 완전히 망하게 되고, 마콘도 마을도 멸망의 길을 걷게 된다. 환상적 리얼리즘의 기법을 통해 소설 언어의 새로운 지평을 연 작품으로 평가받고 있다.

논술 길잡이
(장편문학)

❶ 아래 그림은 호세 아르카디오 부엔디아의 부인 우르술라가
화가 나서 천문관측의를 바닥에 내동댕이치는 장면이다. 우
르술라가 화가 난 이유를 쓰고, 호세 아르카디오 부엔디아
의 행동에 대해 어떻게 생각하는지 적어 보자.

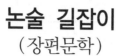

논술 길잡이
(장편문학)

❷ 다음은 피에트로 크레스피에게 사랑을 느낀 레베카가 그의 편지를 기다리며 애를 태우는 내용이다. 이것을 통해 알 수 있는 레베카의 성격에 대해 쓰라.

레베카는 오후 4시만 되면 창문 옆에서 자수를 하며 사랑의 편지를 기다렸다. 우편물을 나르는 노새가 2주일에 한 번 온다는 것을 알고 있었으나, 그 일정이 잘못되어 언제 올지 알 수 없다고 생각했기 때문이다. 그러나 예정된 날에도 노새가 도착하지 않는 일이 생기면, 레베카는 한밤중에 일어나 눈물을 흘리며 목구멍이 막히도록 마당의 흙을 입에 쑤셔넣고 지렁이를 질근질근 씹었다. 또한 어금니가 상하도록 달팽이 껍질을 깨물었다. 그러다 새벽녘까지 구역질을 하고 발열과 동시에 의식을 잃었다.

논술 길잡이
(장편문학)

❶ 다음은 아우렐리아노 대령이, 문명을 접하면서 달라진 마콘 도 시에 대해 불만을 품는 부분이다. 마콘도 시의 이런 변화와 라틴아메리카의 역사와 관려지어 써 보자.

> 그러나 바나나 회사가 진출해 오자 시 공무원은 거드름을 피우는 타관 사람들로 교체되었고, 종래의 경관 대신 칼을 차고 다니는 백정 같은 사내들이 배치되었다. 작업실에 박혀 있던 대령은 그런 변화를 생각하며 자신이 끝까지 싸우지 않았던 것이 잘못이었다고 생각했다.

논술 길잡이
(장편문학)

❺ 마르케스의 작품의 특징이라 할 수 있는, 환상과 현실을 교묘하게 조화시키는 '환상적 리얼리즘'에 대해 조사해 보고 쓰라.

....

....

....

....

❻ 마르케스의 생애에 대해 조사해 보고, 이 작품을 통해 작가가 말하고자 하는 것이 무엇인지 적어 보자.

....

....

....

....

....

논·술·세·계·대·표·문·학 〈전60권〉

펴 낸 이	정재상
펴 낸 곳	훈민출판사
주 소	경기도 고양시 덕양구 원당동 416번지
대표전화	(031)962-3888
팩 스	(031)962-9998
출 판 등 록	제395-2003-000042호